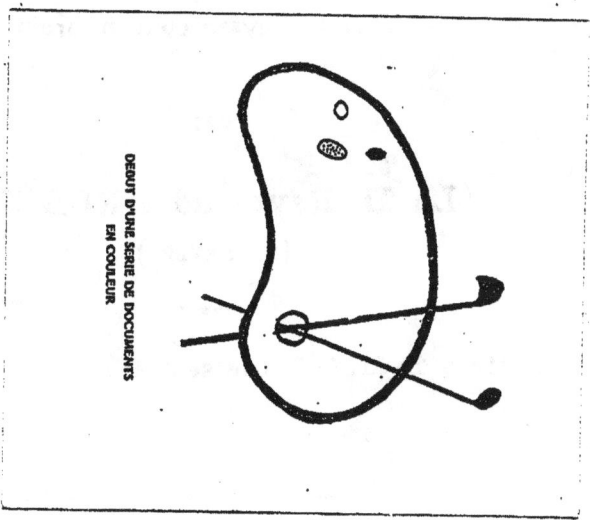

DEBUT D'UNE SERIE DE DOCUMENTS
EN COULEUR

# La Neurasthénie Rurale

Fréquence, Causes sociales et individuelles
Étude psychologique et clinique de la neurasthénie
Chez le Paysan contemporain

PAR

## Le D<sup>r</sup> Raymond BELBÈZE

(DE NEVERS)

—

Préface de M. le Professeur RÉMOND (de Metz)

———— ‹•›•‹ ————

**PARIS**

VIGOT FRÈRES, ÉDITEURS

23, PLACE DE L'ÉCOLE-DE-MÉDECINE, 23

—

**1911**

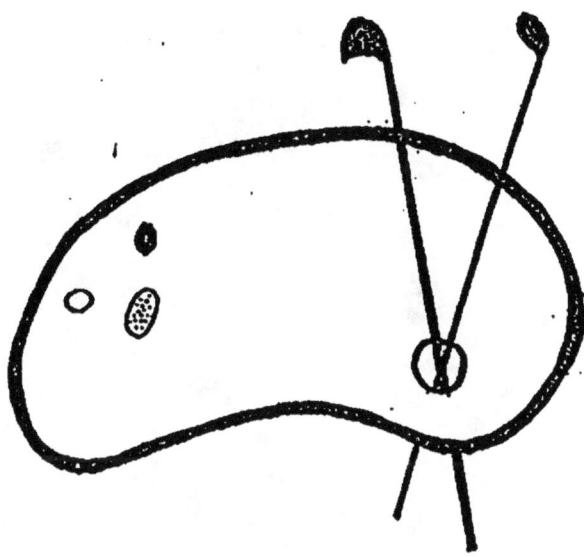

FIN D'UNE SERIE DE DOCUMENTS
EN COULEUR

# La
# Neurasthénie Rurale

# TRAVAUX NEUROPATHOLOGIQUES
## DU MÊME AUTEUR

1. — **Un cas d'Astasie-Abasie Hystérique.** Traitement psychique. Guérison. — Belbèze et Garand. *Loire méd.*, 15 décembre 1899.
2. — **Un cas d'abcès de la couche optique et de la partie postérieure de la capsule interne.** — *Loire méd.*, 15 janv. 1900.
3. — **Trois cas de chorée chez des enfants guéris par l'administration rectale du cacodylate de soude.** — Belbèze et Garand. *Loire méd.*, 15 février 1901.
4. — **Le signe de la douleur provoquée et les réflexes thoraciques dans les affections pleuro-pulmonaires et particulièrement dans la tuberculose.** — In-8º de 100 pages. Lyon, 1902.
5. — **Paralysie diphtérique : emploi du sérum en ingestion.** — *Journal de médec. et chir. prat.*, 25 juillet 1905.
6. — **Sur la présence du signe de Kernig dans le zona.** — *Archives gén. de médec.*, 1906, Nº 9.
7. — **Traitement des fractures de la colonne vertébrale à la campagne.** — *Prov. méd.*, 1907.

# La Neurasthénie

# Rurale

Fréquence, Causes sociales et individuelles
Étude psychologique et clinique de la neurasthénie
Chez le Paysan contemporain

PAR

## Le Dr Raymond BELBÈZE

(DE NEVERS)

———

**Préface de M. le Professeur RÉMOND (de Metz)**

———————

PARIS

VIGOT FRÈRES, ÉDITEURS

23, PLACE DE L'ÉCOLE-DE-MÉDECINE, 23

———

1911

# PRÉFACE

La neurasthénie est une des affections qui nous montrent le plus évidemment les relations immédiates du physique et du moral. « Cette évidence est même si frappante, qu'après avoir écarté les causes imaginaires admises par la superstition, il a bien fallu chercher d'autres causes plus réelles, dans les circonstances physiques propres à chaque cas particulier. » (Cabanis.) Il est donc nécessaire pour avoir une conception suffisamment claire du syndrome, de l'étudier dans des milieux différents ; ici l'importance du malade l'emporte, si l'on peut s'exprimer ainsi, dans la description de l'ensemble, sur l'importance de la maladie. Au lieu de décrire un ensemble de phénomènes envisagés isolément et d'en tirer des conclusions directes, il faut sans cesse revenir aux observations particulières que l'on a eues

1

sous les yeux. L'éducation du malade, le milieu dans lequel il vit, le plus ou moins d'action que peuvent avoir sur lui les idées superstitieuses ou celles d'ordre scientifique général, détermineront des manifestations tout à fait différentes. Alors que le malade bourgeois, éduqué, augmente ses souffrances de toutes les phobies que lui suggèrent les quelques clartés défectueuses qu'il possède des choses de la médecine, le malade rural se trouvera en proie à l'ensemble des facteurs moraux déprimants contenus dans les idées fausses et superstitieuses qui flottent dans son ambiance, trop heureux si elles n'ont pas pris pour lui-même le caractère de vérités fondamentales.

Étudier les variations du syndrome propres au milieu, montrer les différences du pronostic selon les causes déterminantes et cependant tenir suffisamment serrés les liens qui assurent la coordination dogmatique des faits exposés, telle est la tâche que s'est tracée le Dr R. Belbèze et qu'il a réussi à mener à bien dans les pages qui vont suivre.

La neurasthénie peut être considérée comme un agrandissement du champ de la conscience, en opposition avec l'hystérie qui en est le rétrécissement. Alors que dans la seconde les phénomènes psycho-moteurs qui caractérisent la personnalité arrivent quelquefois à se manifester d'une façon complètement inconsciente et par un mécanisme qui paraît cependant normal (écriture inconsciente, expériences de P. Janet), dans la neurasthénie le malade perd le privilège qu'assure à l'être normal, l'automatisme de la plupart de ses fonctions. Tout devient le point de départ des phénomènes de conscience, et l'aboulie résulte de l'ensemble de ces sensations qui assaillent le moi de toutes parts, sans qu'aucune conserve une tonalité suffisante pour dominer les autres.

Si on ajoute à cette analyse du phénomène envisagé d'une façon générale la notion des éléments constitutifs du milieu rural on arrive à une conception tout particulièrement intéressante d'une forme morbide spéciale à ce milieu grâce à ses détails, sans que les grandes lois qui en règlent l'évolution pathologique générale soient sensiblement modifiées.

C'est ainsi que l'étude que l'on va lire se trouve être des plus susceptibles d'éveiller et de retenir l'attention à la fois du médecin et du psychologue. Il nous est impossible de signaler dans une courte préface les points qui nous ont frappé ; ce serait déflorer le travail, on ne pourrait constituer qu'une sorte de table des matières tellement la discussion est serrée par l'auteur. Toutefois nous tenons à signaler un côté qui nous a paru parti-

culièrement important à cause de sa portée générale. C'est la loi que notre confrère formule par
rapport au pronostic étiologique des différentes
formes. Ce pronostic, dit-il, est particulièrement
assombri quand il s'agit de phénomènes neurasthéniques dus à un traumatisme physique : ils ne
guérissent à peu près jamais, et cette affirmation
de M. Belbèze, résultat d'une observation directe
minutieuse et prolongée, prend une certaine importance, aujourd'hui que l'application de la loi
sur les accidents appelle sans cesse le médecin
à formuler un avis sur l'avenir réservé à des
malades chez lesquels les phénomènes de désar-
roi nerveux constituent les principales séquelles
d'un traumatisme direct. Nous ne pouvons d'ailleurs que nous rallier à cette conclusion qui se
trouve être conforme à ce que nous avons vu
nous-même chez des ruraux victimes d'accidents
de chemins de fer par exemple.

Les pages réservées à la thérapeutique renfor-
ment, elles aussi, beaucoup d'enseignements pré-
cieux. Nous n'en retiendrons qu'un pour en recom-
mander les méditations aux jeunes confrères qui
voudront bien venir chercher ici les bases d'une
expérience qui leur manque encore. Il s'agit de la
recommandation de ne jamais étiqueter devant le
patient de l'épithète de « nerveuses » les manifestations de la neurasthénie qui détermineront

les malades ruraux à venir leur demander conseil. Outre qu'ils risqueraient ainsi en pure perte de rebuter le sujet, ils n'obtiendront, à prendre en considération sérieuse et à soigner patiemment chaque misère physique, que des résultats heureux localement d'abord, au point de vue général ensuite.

Nous devons dire, d'autre part, que nous trouvons les conclusions de l'auteur inquiétantes quand il prévoit la centralisation urbaine croissante de la population et qu'il semble vouloir l'encourager. Il nous paraît au contraire que le maintien de l'activité rurale, le morcellement domanial qui assure, beaucoup mieux que tout autre procédé de culture, le développement du bien-être du paysan, la facilité croissante des moyens de communication qui augmente notablement la valeur des ressources de toute région ainsi ouverte, constituent autant de moyens prophylactiques. L'hygiène rurale est perfectible, et la polyculture, comme elle se pratique dans notre entourage, ne cause, nous semble-t-il, jamais de mécomptes assez complets pour que le petit propriétaire ne puisse vivre dans des conditions meilleures que celles de l'habitant des villes jouissant de ressources équivalentes.

Mais ce point de prophylaxie, d'ailleurs théorique, mis de côté, nous ne pouvons que remercier

M. le D<sup>r</sup> Belbèze de l'honneur qu'il nous a fait et
du plaisir qu'il nous a causé en nous livrant les
prémices de son livre, que nous saluons en ter-
minant, par ce vers de Musset :

Ton livre est ferme et franc, brave homme, il fait *penser*.

D<sup>r</sup> A. RÉMOND (de Metz).

Le 14 août 1910.

# LA NEURASTHÉNIE RURALE

## INTRODUCTION

### Que faut-il entendre par « Neurasthénie » ?

#### La valeur du mot : « Neurasthénie »

Il nous serait absolument impossible de soumettre utilement au lecteur cette étude sur la neurasthénie rurale si nous ne nous entendions pas entièrement avec lui sur la définition de ladite névrose, et même sur son existence. Cette existence, longtemps regardée comme indubitable, a été mise en doute, récemment par Dubois (de Berne) et il semble même que l'on ait tenté, après Klippel[1], de redonner au terme vague de

---

1. Klippel (*Arch. gén. de méd.*, 1903, p. 1185). « Le Nervosisme ».

Remarque générale.— Nous jugeons parfaitement inutile de donner en note toutes les indications bibliographiques relatives aux noms cités dans ce résumé historique: elles se trouvent tout au long dans les excellents traités de Bouveret ou de Mathieu. Nous ne donnerons ici que celles réellement inédites, nous contentant de mettre une date en regard de chaque nom d'auteur.

nervosisme l'importante place qu'il occupait autrefois dans la nosographie. On s'explique d'ailleurs les doutes émis sur la réalité même de cette affection nerveuse si l'on jette un coup d'œil d'ensemble sur l'historique que les auteurs en donnent ordinairement :

Avant Beard, créateur du mot, il est d'usage de citer comme précurseurs Hippocrate, puis Galien avec sa théorie de l'Atrabile, Sydenham[1] qui ne distingue pas encore l'hystérie de la névropathie, Robert Whytt[2] qui discourt longuement sur l'hypocondrie morbide, Van Helmont[3] le mystique, Wepfer[4] qui fait du tube digestif le « président » du système nerveux, Langer Willermay[5], créateur de l'« hystéricisme », Cerise[6], qui use du mot névrose (névrose protéiforme) et Monneret[7] qui, usant du même mot, le complète d'une définition pathogénique (névrose par épuisement). On ajoute généralement à la liste Sandras[8], le père de la « cachexie nerveuse », Bouchut[9] qui distingue deux nervosismes, l'un aigu, l'autre chronique, Beau[10] qui donne la première place à la dyspepsie (fait primitif), Stilling et Walloix[11] analystes précis des phénomènes douloureux de la névrose.

Après Beard[12] on cite d'ordinaire Krishaber[13] et Lewen[14], créateurs de deux dénominations nouvelles (névropathie cérébro-cardiaque et maladie

(1) 1685. (2) 1767. (3) 1648. (4) 1716. (5) 1832. (6) 1841. (7) 1847. 8) 1859. (9) 1860. (10) 1866. (11) 1850. (12) 1868. (13) 1873. (14) 1879.

cérébro-gastrique) mais on oublie généralement Hammond [1] qui pourtant — et le fait est nouveau — regarde comme cause efficiente du nervosisme l'anémie cérébro-spinale.

Enfin parmi les modernes, et fort justement, Axenfeld et Huchard [2] tiennent la première place dans les nomenclatures historiques, avec Charcot, Bouchard et Weir Mitchell [3]. Bouveret [4], Levillain [5] et Mathieu [6] à leur tour élèvent à la neurasthénie, — entité morbide — le monument d'ouvrages solides et bien assis.

Mais ensuite il semble que de nombreux coups de pioche soient portés par maints auteurs à l'édifice cru jusque-là solide : comme nous avons l'occasion de les citer dans le cours de cette étude, nous nous dispenserons de les énumérer. Attirons cependant l'attention sur un fait ignoré jusqu'ici : le fait que Blocq [7] a eu des précurseurs et que l'on a longtemps considéré comme possible l'existence de « la douleur essentielle » survenant en dehors de tout état névropathique net-

1. Hammond. *Traité des maladies du syst. nerveux.* Trad. Labadie-Lagrave, Paris, 1879.

2. Axenfeld et Huchard. *Traité des névroses.* Paris, 1883.

3. Weir Mitchell. *Du traitement de la neurasthénie* (trad.). Paris, 1881.

4. *La Neurasthénie, épuisement nerveux*, 1891.

5. *La Neurasthénie, maladie de Beard*, 1891.

6. *Neurasthénie, épuisement nerveux.* Paris, 1894.

7. Blocq. *Sur un syndrome caractérisé par la topoalgie.* « Neurasthénie mono-symptomatique à forme douloureuse », *Gaz. Hebd.*, 1891.

tement défini. Il semble même que cette existence
n'était nullement mise en doute, en 1821, par
l'école de Montpellier [1].

Toutes ces considérations, ou plutôt tout cet
aperçu historique, montrent nettement que la
confusion la plus complète au point de vue nosographique et pathogénique a toujours régné,
avant Beard et même après, quand il s'est agi de
« nervosisme ». Si bien qu'il est permis au praticien contemporain de sourire quand il entend
parler, à propos d'une névrose aussi multiforme
que chacun l'a interprétée et l'interprète encore
à sa façon, non seulement de symptômes, mais
encore de « stigmates ».

Ces stigmates sont les suivants :

1° La céphalée ;

2° La dépression cérébrale ;

3° La fatigue musculaire rapide ;

4° L'insomnie ;

5° La dyspepsie ;

6° Enfin, mais accessoirement, la rachialgie.

Bouveret, Levillain, Mathieu, Raymond adop-
tent, avec des variantes sans grande importance,
cette nomenclature classique. Au contraire Maurice de Fleury [2] s'occupe uniquement de l'interprétation et du traitement des grands symptômes
de la neurasthénie, supposant avec juste raison
que la description d'ensemble n'en est plus à faire.

1. Revollat. *Sur la douleur essentielle*, 1821.

2. *Les grands symptômes neurasthéniques*, Paris, 1902.

Chemin faisant, il ne fait plus une place à part aux « stigmates » mais s'occupe d'eux en les groupant au besoin avec des signes de même nature regardés jusque-là comme secondaires. Enfin Rémond (de Metz), dans son *Précis des maladies mentales*, traite de la folie neurasthénique sans même prononcer le mot. D'ailleurs, il est d'usage habituel, dans la presse autant que dans la pratique courante, de parler de neurasthénie en leur absence plus ou moins complète. Il arrive ainsi, peu à peu, que cette affection se « déclasse » à l'exemple d'une autre maladie à stigmates (je veux dire l'hystérie) et devient une sorte de dépotoir à erreurs de diagnostic et à phénomènes sémiologiques inconnus ou mal catalogués. Aussi est-elle niée (Dubois), dissociée (Grasset, Pierre Janet), et, comme dans la période prébeardique, tiraillée en quelque sorte entre maintes dénominations nouvelles (psychasthénie, névrose psycho-splanchnique).

Il semble donc que la notion des « stigmates » ait fait le plus grand tort à la névrose qui nous occupe. Il nous est cependant impossible de la considérer comme inexistante, puisque les faits constatés nous en ont démontré l'excessive fréquence, et que nous n'avons pas hésité à qualifier de « neurasthéniques » les malades que nous avons observés. Pourquoi ?

Certes, parmi les nombreux patients que nous étudiâmes, il en est certains que Galien eût qua-

liflés d'atrabilaires ou Robert Whytt d'hypocon-
driaques ; d'autres au sujet desquels Wepfer, Beau,
Lewen et Bouchard, tous quatre convaincus de
l'importance prépondérante de l'état gastrique,
se fussent certainement entendus ; d'autres encore
qui eussent groupé sur leur cas les diagnostics
concordants de Sandras, de Monneret, de Beard,
d'Hammond et de la plupart des modernes. Tel
« Galeatus », musculairement affaibli et dormant
mal, eût même paru réunir en sa personnalité
morbide un nombre suffisant de « stigmates » pour
que Charcot, Bouveret, Levillain et Mathieu l'eussent baptisé et confirmé neurasthénique. Tel autre, au contraire, vaguement déprimé, souffrant
de tout et de rien, eût été classé parmi les « nerveux » simples par Dubois (de Berne) [1].

Enfin, si, désireux de marcher sur les traces
de Maurice de Fleury, nous eussions voulu asseoir
notre diagnostic sur une base physique en mesu-
rant la tension artérielle de nos névrosés, nous
eussions trouvé soit de l'hypertension soit de
l'hypotension, et deux formes nouvelles de la
névrose seraient venues s'ajouter à cette liste
déjà longue.

Et cependant, nous avons, dans tous ces cas,
diagnostiqué la neurasthénie !

Et même, sans crainte de nous avancer, nous

1. Dubois (de Berne). *Les psychonévroses et leur traitement
moral.*

pouvons affirmer que la plupart des praticiens eussent parlé comme nous.

Pourquoi cette tendance unanime ? Serait-elle le résultat, chez les diagnostiqueurs, d'absence d'esprit scientifique ou simplement critique ? Sans crainte de paraître présomptueux pour eux et pour nous, nous ne le pensons pas, ayant conscience d'avoir reçu ensemble une formation intellectuelle sérieuse, et d'avoir été habitués à ne pas associer nos idées au hasard.

Cette hypothèse insoutenable étant donc éliminée, il ne nous reste qu'à considérer comme plausible la présence chez tous nos malades d'un syndrome caractéristique commun, qui n'est ni leur état hypocondriaque, ni leur état gastrique, ni leur nervosisme vague, ni l'existence chez eux de « stigmates » plus ou moins nets, ni leur hyper ou hypotension artérielle : ce syndrome nous paraît être d'ordre psychique.

Je n'ignore pas qu'une objection est immédiatement possible, et même, en apparence, logique : on nous dira que le mot : neurasthénie désigne la dépression du système nerveux tout entier, y compris la moelle, centre non psychique, et que l'existence d'une myélasthénie, unanimement admise par Beard et les beardistes, ne permet pas par conséquent de donner comme caractéristique de la névrose un syndrome psychique pur. Mais si l'on analyse de près ce que pensent ces auteurs de la myélasthénie, on voit qu'ils sont loin d'en regarder

l'élément psychique comme absent. Je ne résiste
pas à l'envie de citer *in extenso* ce que Mathieu,
dans son livre, dit de la « neurasthénie spinale » :
« Dans la neurasthénie spinale, c'est la rachialgie,
la faiblesse des membres et en particulier des
membres inférieurs et quelquefois un certain degré
d'irritation génito-urinaire... La coïncidence de la
myélasthénie et de ce qu'on appelle la neurasthénie
génitale n'est pas très rare, chez l'homme tout
au moins. Beaucoup de ces malades ont la per-
suasion qu'ils ont une faiblesse particulière, sinon
une véritable maladie de la moelle et c'est là, de
toute évidence, dans certains cas, la cause de
l'établissement de la neurasthénie sous cette forme
particulière et de sa durée. L'auto-suggestion y
joue un grand rôle. »

Nous considérerons donc comme incertaine
l'existence de la myélasthénie proprement dite,
que nous n'avons d'ailleurs *jamais* constatée chez
aucun de nos malades. Rien ne s'oppose plus, en
conséquence, à faire de l'unité de la neurasthénie une unité surtout psychique. Aurions-nous cependant le droit de l'appeler psychasthénie, aban-
donnant au « nervosisme » tout ce qui ne nous
paraît pas être d'ordre psychique ? Nous croyons
que ce serait absolument injuste, la névrose pouvant se traduire par des signes objectifs, être la
cause ou même la conséquence de lésions fonctionnelles ou peut-être matérielles du côté du système nerveux périphérique et probablement cen-

tral, et, en tous cas, être sûrement la cause de modifications de la tension artérielle ; et si, par exemple, nous avons affaire en clinique à une « psychonévrose » du vago-sympathique, le mot de neurasthénie sera le terme *générique* le meilleur qu'on puisse lui appliquer.

## La neurasthénie syndrome psychique.

Ayant adopté ce terme, il nous reste à analyser l'état psychique qui nous paraît le caractériser.

De l'avis de tous, il s'agit d'un état de « faiblesse irritable ». Tout le monde regarde le malade atteint de cette névrose comme un déprimé psychique, dont le cerveau se fatigue vite, dont la mémoire est affaiblie, la volonté diminuée, l'émotivité augmentée. Si bien que l'on s'accorde à peu près pour définir l'affection par la traduction du mot même qui sert à la désigner : « faiblesse nerveuse ». Mais, suivant les auteurs, la description de la faiblesse psychique des neurasthéniques varie dans ses lignes accessoires et dans son mode de présentation ou de classement.

Il est de toute évidence, que la meilleure manière de classer les symptômes mentaux de la névrose est de les grouper suivant l'ordre naturel des opérations psychiques normales. GRASSET, se conformant aux divisions psychiques traditionnelles, a dressé une excellente classification des fonctions intellectuelles : il est regrettable que, pour la clarté de l'exposition, elle n'ait pas été généralement suivie, ou qu'on n'ait pas songé à la créer avant lui. Aussi une certaine impression de vague se dégage-t-elle encore des descriptions que l'on a faites récemment de l'état mental des neurasthéniques.

RAYMOND [1] décrit, comme symptômes psychiques :

1° Une dépression nerveuse empêchant tout travail cérébral ;

2° Un rétrécissement du champ de la mémoire par suite de la distraction habituelle au malade ;

3° L'absence de volonté ;

4° Une émotivité extrême d'où résulte le sentiment d'insécurité ;

5° L'absence de perversion du jugement qui reste sain.

MAURICE DE FLEURY écrit :

« L'état mental [2] des neurasthéniques est surtout fait de tristesse, de découragement, de tendance à la peur, à la paresse intellectuelle et physique, d'impuissance à prendre un parti, en même temps que d'une faiblesse extrême de la mémoire et de l'attention volontaire. » Puis, analysant cet état mental avec beaucoup de soin, il est conduit à dire que : « Tandis que chez l'hystérique c'est

---

1. *Leçons cliniques.*

2. *Les grands symptômes neurasthéniques.* Paris, 1902.

l'idée qui crée les symptômes somatiques, chez le neurasthénique c'est l'inverse qui se produit. Son état mental (comme d'ailleurs celui du mélancolique déprimé ou anxieux) n'est rien d'autre que le reflet dans l'esprit d'une langueur fonctionnelle dont tous les organes prennent leur part (qu'il s'agisse d'ailleurs de dépression ou d'intoxication).

Rémond (de Metz) [1] dit :

« Les premiers phénomènes en date de la neurasthénie sont sous la dépendance d'une altération permanente de l'humeur. Les malades ont une tendance à se reprocher des actes insignifiants dans le passé.

« ...Le neurasthénique est facilement las; il a besoin de s'asseoir; s'il se livre à un travail intellectuel, l'effort lui est douloureux, la mémoire difficile et il est fréquemment obligé d'interrompre sa tâche. Ce n'est pas une faiblesse réelle : la tonicité musculaire est normale, mais il y a là un phénomène qui traduit la perception intensive des sensations. C'est le même état qui le rend douloureusement attentif à toute une série d'incidents apparaissant soit chez lui-même, soit dans le monde extérieur... »

Grasset [2] donne comme caractéristique de sa « névrose psycho-splanchnique » : « la débilité

---

1. *Précis des maladies mentales.* Paris, 1904.
2. *Province médicale*, 17 février 1909.

du psychisme supérieur, l'exagération des sensations cénesthésiques et de l'influence réciproque que l'écorce cérébrale et l'appareil nerveux trisplanchnique exercent l'un sur l'autre ».

Pierre Janet [1] s'exprime ainsi : « La psychasthénie est une psychonévrose très voisine de la neurasthénie et peut-être de certaines formes de paranoïas : elle se place entre l'épilepsie et l'hystérie. Les fonctions les plus troublées sont celles qui mettent l'esprit en rapport avec la réalité : l'attention, la volonté, le sentiment et l'émotion adaptée au présent. D'autres fonctions semblent rester intactes et se révèlent ainsi comme inférieures : ce sont l'intelligence discursive et le langage, les émotions exagérées et incoordonnées, les mouvements mal adaptés et en partie automatiques... Cette diminution de la tension psychologique détermine un malaise mental, un état d'inquiétude.... Sous l'influence de cette inquiétude excitante et par le fait de la suppression des phénomènes supérieurs, les phénomènes inférieurs conservés prennent une grande exagération (tics, agitations motrices, émotions angoissantes, ruminations mentales). Enfin des idées se forment... pour interpréter tous ces troubles ; elles sont permanentes et obsédantes ; elles ne se terminent pas, mais gardent la forme des émotions angoissantes et des ruminations. »

---

1. *Les Obsessions et la Psychasthénie*, 1898.

Dans toutes ces descriptions plus ou moins interprétatives, on trouve, cachés sous le voile de dénominations diverses, l'expression de deux phénomènes cardinaux [1] : l'existence d'un obstacle à la réalisation de la volition, c'est-à-dire à l'acte, et l'exagération en intensité et en étendue des phénomènes réfléchis conscients ou même inconscients. On y entend parler d'une part : d'impuissance à prendre un parti, de débilité du psychisme, de douleur à l'effort, de manque de volonté, et d'autre part, d'émotivité extrême (Raymond), d'hypercénesthésie (Grasset), de perception intensive des sensations (Rémond), de réactions réciproques de l'appareil trisplanchnique et du cortex (Grasset encore), de « rumination » (Janet). Et on a, à la lecture de ces divers auteurs, tout aussi bien qu'à l'examen d'un neurasthénique légitime (et même à l'analyse de ses propres sensations, si l'on fut passagèrement neurasthénique) l'impression presque aiguë d'obstacle et de remous. Il semble que la voie centrifuge du psychisme supérieur (le chemin de la volonté active) soit obstruée, et que l'influx nerveux presque privé de

---

1. Ces phénomènes ne nous sont connus que par l'interrogatoire des malades, par le langage, ou plus généralement, et comme le dit Rémond (de Metz) après Lemet, par l'expression, terme qui comprend aussi la mimique et la manière de se présenter. Cet interrogatoire est moins difficile qu'on ne pourrait le croire chez des névrosés de race garonnaise, mais il faut se méfier de la puissance imaginative de cette race chez qui la parole crée, au fur et à mesure de la conversation, l'idée.

cette voie évacuatrice, s'accumule en arrière de
l'obstacle sous un potentiel ou, ce qui revient au
même, sous un niveau plus élevé, inondant en
quelque manière les centres psychiques puis, s'éva-
cuant en plus grande abondance par les voies
toutes tracées du psychisme inférieur, et au besoin par des voies moins inférieures, mais anciennes, longtemps abandonnées, voies lentement
constituées chez de lointains ancêtres, mais inu-
tilisées depuis des générations. Ainsi pourraient
s'expliquer les « tics » des neurasthéniques ou
des psychasthéniques de Janet ; ainsi pourraient
s'expliquer aussi leurs « ruminations » ; ainsi
pourrait s'expliquer aussi la réapparition, chez
nos névrosés, de phénomènes psychiques oubliés
(les peurs vespérales et nocturnes par exemple).

Tout ceci, nous dira-t-on, n'est qu'une hypothèse (ou même qu'une métaphore) née elle-
même d'une autre hypothèse : celle du potentiel
nerveux. Nous sommes les premiers à en conve-
nir : mais la réalité nous oblige à constater que
c'est celle qui, pour le moment, nous permet de
mieux comprendre (c'est-à-dire : embrasser d'un
regard synthétique) la neurasthénie telle qu'elle
s'est présentée à nous dans les cas observés.

Remarquons que, si on l'adopte, il faut admettre :

1° Que le fait primitif est, en elle, l'aboulie (ou
l'impossibilité pour l'individu de s'adapter à la
réalité ; l'individu a, en effet, dans certains cas,
perdu sa faculté d'adaptation). Or, cette aboulie

est fort souvent le premier phénomène en date chez le névrosé rural.

2° Que les faits secondaires sont :

*a*) Dans l'ordre psychique supérieur, l'exagération des phénomènes de perception intérieure et extérieure.

*b*) Dans l'ordre psychique inférieur, une certaine exagération en quantité de l'automatisme inconscient.

Il faut aussi, dans un autre ordre d'idées :

1° Avec MAURICE DE FLEURY, ne pas craindre de rapprocher la neurasthénie de la mélancolie, où la sensation d'obstacle est encore plus nette, où l'exagération de potentiel se traduit par la tension cérébrale douloureuse, où l'aboulie est absolue, et où, de temps à autre, quelque « raptus » imprévu vient traduire la décharge brusque, malgré l'obstacle, du haut potentiel accumulé.

2° Avec PIERRE JANET, rapprocher la forme psychasthénique de certaines paranoïas (dont certaines sont des leucoencéphalites avec lésion matérielle des conducteurs nerveux), la systématisation psychique pouvant parfois exister chez le neurasthénique persécuté[1].

Nous laisserons au lecteur le soin de voir, après lecture complète de notre étude, s'il est possible d'admettre ces propositions, et de conclure avec nous à la probabilité, dans la névrose étudiée

---

1. Le fait est très rare, mais il est réel et nous en reparlerons ailleurs qu'ici.

ici, d'une atteinte pathologique quelconque localisée à la partie la plus distante, la plus haute et
la plus récente aussi du système, c'est-à-dire de
l'appareil de transmission des volitions conscientes. Heureusement pour les névrosés, cette partie
qui est la plus vulnérable est aussi la plus répa-
rable par suppléance à cause de son manque
réel de différenciation. D'ailleurs la lésion qui
l'atteint pourrait n'être qu'une diminution de conductibilité nerveuse consécutive à un état dyscrasique ou toxique quelconque se traduisant
objectivement par la phosphaturie, l'ammoniurie,
constatées chez divers malades, ou consécutive à
l'insuffisance alimentaire par exemple, insuffisance facile à constater en particulier dans la
région que nous avons étudiée. Au point de vue
psychique le manque d'habitude de vouloir, contracté dès l'enfance, peut rendre originairement
insuffisantes les voies efférentes de la volition, la
fonction développant généralement l'organe. Cette
même inaccoutumance à vouloir peut avoir pour
cause une désadaptation complète au milieu : il
est certain que la sensation de l'effort non récompensé n'est pas un encouragement à la volition
consciente. Et nous croyons, précisément, qu'il
faut voir dans cette désadaptation une des causes les plus importantes de la névrose : l'homme,
cédant devant l'obstacle trop grand pour ses forces, est définitivement vaincu si une cause pathologique matérielle quelconque vient à ce moment

rétrécir la voie efférente réservée aux volitions.

Bien entendu, il faut jusqu'ici garder la plus grande réserve sur le siège présumé de cette voie efférente, de cet appareil de transmission des volitions dont la différenciation, d'ailleurs, ne peut être encore qu'incomplète et assurément variable chez les divers individus. Il n'est pas hors de propos, à ce sujet, de faire remarquer que si l'on envisage les choses au point de vue déterministe qui est l'unique point de vue scientifique, toutes les maladies mentales ne sont que des troubles de conductibilité. Seul leur siège — rarement leur cause — permet de les différencier.

Il est assez curieux de remarquer combien cette notion de conductibilité est souvent oubliée. On parle sans cesse d'énergie cérébrale en la considérant comme quelque chose de primitif et de permanent, alors que le cerveau n'est en somme qu'un lieu de passage et que chaque fait psychique est conditionné par un autre fait antérieur, psychique ou non. Est-ce là l'interprétation de R. Vogt [1] quand il regarde l'énergie cérébrale comme une constante se distribuant pour créer le travail mental, le travail musculaire et les fonctions organiques également en état de santé, et inégalement en cas de neurasthénie ? En tous cas si R. Vogt au lieu de parler d'énergie constante avait parlé de capacité de conductibilité cons-

---

1. R. Vogt. *Norsk Magasin för Laegevidenskaben*, n° 6, juin 1903, p. 465-482.

tante, sa théorie eût coïncidé dans ses grandes
lignes avec notre hypothèse. Peut-il y avoir réellement, selon l'expression de Deschamps, des
« maladies de l'énergie » [1]? Tout en admirant la
puissance d'analyse de cet auteur, nous nous fe-
rions scrupule de donner à la neurasthénie une
telle qualification.

Pour notre part, nous n'irons pas plus loin
dans notre essai d'interprétation pathogénique.
Nous avouerons que si les faits nous montrent
une relation de cause à effet entre la désadaptation de l'individu au milieu et la neurasthénie, le
mécanisme de cette relation est encore obscur.
Qu'on nous excuse d'avoir essayé d'y jeter un peu
de lumière, et qu'on retienne surtout, comme conclusion de cette introduction, que la neurasthénie
existe, qu'elle se caractérise et se différencie par un
état mental spécial, fait d'aboulie et d'exagération
des phénomènes d'aperception, qu'elle touche de
près à d'autres affections mentales proprement
dites, et, en un mot, qu'on a le droit d'en faire le
diagnostic différentiel. Que l'on retienne aussi que
si le terme « neurasthénie » est plus compréhensif
que celui de « psychasthénie », il ne nous paraît
avoir aucune valeur pathogénique, la diminution
ou l'absence d'énergie nerveuse ne pouvant en
aucune manière être regardées comme explicatives de cette affection.

---

1. Alb. Deschamps. *Les maladies de l'énergie*. Paris, 1908.

# CHAPITRE PREMIER

## Causes et conditions de la neurasthénie rurale

### Sa fréquence locale

La description que nous donnerons plus loin de la neurasthénie rurale est le résultat de huit années d'observation en milieu campagnard, dans un groupe de quatre à cinq communes de la région garonnaise, au sud du fleuve, à peu près à égale distance de Montauban et d'Agen, en Tarn-et-Garonne. Il est certain que la neurasthénie y sévit avec une extrême fréquence et les 200 observations de cette névrose que nous avons pu recueillir dans notre ancienne clientèle immédiate en sont la meilleure preuve. Le médecin qui y réside n'est généralement pas le seul à constater un état psychique anormal chez un grand nombre d'habitants, et l'étranger que ses fonctions appellent à vivre dans le pays ne tarde pas à faire la même remarque. Il n'y a rien d'excessif à évaluer la proportion des neurasthéniques à environ 30 %.

de la population actuelle : le chiffre pourrait paraître surprenant si l'on ignorait la réalité historique de la neurasthénie collective, et l'existence de cette affection chez les peuples les plus primitifs [1].

Nous n'ignorons pas d'ailleurs que nous n'avons pas été les premiers à nous occuper de la neurasthénie rurale. Clainquart, dans sa thèse [2] reconnaît la fréquence de cette affection chez les agri-

---

1. Citons ce que dit M. Deniker dans son bel ouvrage : *Races et peuples de la terre*, d'après la nombreuse bibliographie française et étrangère qu'il a dépouillée : « On a longtemps « prétendu que les peuples incultes ne sont pas sujets aux ma- « ladies nerveuses et mentales : il n'en est rien. La véritable « « grande hystérie » de Charcot a été constatée chez les né- « gresses du Sénégal, chez les femmes hottentotes, cafres, ainsi « qu'en Abyssinie et à Madagascar. Des maladies nerveuses « épidémiques ont été signalées par les missionnaires parmi « les Hurons et les Iroquois. Quelques formes de névroses pa- « raissent limitées à certains groupes ethniques, tel l'Amok des « Malais, sorte de folie furieuse et imitative en même temps « provoquée peut-être par la suggestion. Répandue surtout « parmi les Malais, cette affection se rencontre aussi dans l'A- « mérique du Nord où elle a été appelée Junping par les bar- « bares. Le « Myriachit » des Ostiaks et d'autres indigènes de « Sibérie, le « Malimali » des Tagals des Philippines, le « Bakt- « chis » des Siamois sont des maladies analogues. Sous le nom « de « Latah » on désigne chez les Malais toutes sortes de ma- « ladies nerveuses, mais plus particulièrement la folie imita- « tive. D'ailleurs on appelle aussi « Latah » un état mental « dans lequel on a peur de certains mots : « tigre, crocodile » « et qui se rencontre assez fréquemment non seulement parmi « les Malais, mais encore chez les Tagals des Philippines et les « Sikhs de l'Inde. »
2. Thèse de Paris, 1907.

culteurs, contrairement à Von Hoseling qui, sur
646 cas de la névrose, n'en trouvait chez eux que 17.

Quoi qu'il en soit, le médecin qui, comme nous
l'avons fait, vit dans un milieu profondément
atteint n'arrive pas sans de grandes hésitations à
poser un diagnostic. Il s'aperçoit d'abord (et nous
indiquons ici la marche que nous avons suivie),
s'il a été formé suivant la méthode classique, de
la présence de stigmates chez un grand nombre
d'individus réputés pour être nerveux : les grands
neurasthéniques du pays. Puis l'état mental attire
son attention, et il ne tarde pas à s'apercevoir de
la similitude de cet état chez la plupart d'entre
eux. Partant de là, ayant présentes à l'esprit les
caractéristiques de cet état, il étend son champ
d'investigations, et de nombreuses observations
viennent s'ajouter à son dossier déjà ample. Si
bien que, finalement, il en arrive à se demander
si bientôt une sorte de névrose collective, éclose
sous l'influence de causes économiques, psychiques ou dyscrasiques particulières ne frappera
pas toute une population [1].

## Sa répartition suivant les sexes

Hommes et femmes sont en effet presque également atteints : la proportion semble cependant

---

1. La proportion des neurasthéniques s'accroît d'année en
année.

être, pour les hommes, légèrement plus forte,
bien que je n'aie pas pu dresser de statistique
comparative valable [1]. Quant aux enfants, nous
devons exprimer ici notre étonnement de ne pas
voir figurer la neurasthénie dans certains précis,
d'ailleurs excellents, de médecine infantile. Les
cas ne sont pas rares chez eux ; les éducateurs de
profession eux-mêmes s'en aperçoivent : on peut
même leur reprocher, poussés qu'ils sont par la
mode, de prodiguer parfois exagérément le mot.

Quelles sont les causes de cette énorme diffusion rurale d'une névrose qu'on était habitué jusqu'ici à considérer comme urbaine ? Avant d'entrer dans le détail, il est indispensable de donner
ici au lecteur un aperçu complet quoique résumé,
de l'état actuel du pays.

### État ethnique, économique, pathologique et hygiénique de la région étudiée

Les communes où nous avons recueilli nos
observations sont échelonnées le long du fleuve,
à 70 mètres d'altitude environ, dans un pays
presque mixte au point de vue provincial, actuellement et historiquement à cheval, pour ainsi

---

[1]. Le service militaire et le déplacement ou l'émigration d'un
certain nombre de familles étudiées dans mes observations ont
gêné ma statistique. Si l'on veut des chiffres brutaux, je dirai
que sur 200 observations recueillies, 110 concernent les hommes.

dire, sur la Gascogne et le Quercy. La plus importante de ces communes a 2.500 habitants; son agglomération principale en a 1.200. Dans l'ensemble de la région, pas un hameau en dehors de très petites agglomérations villageoises; chaque habitation est au milieu de ses terres. Aucune industrie locale, si ce n'est la fabrication des sabots : deux ou trois ateliers permanents ; les autres ne fonctionnent que pendant la mauvaise saison. Tous les habitants, sauf les ouvriers indispensables, sont agriculteurs; quelques-uns sont commerçants; les rares familles bourgeoises du pays n'y résident que temporairement. La terre est fertile, surtout dans les parties basses avoisinant le fleuve (maïs, sorgho, grande plantations de peupliers de la Caroline). On a abandonné, malgré les primes données par l'État, les cultures de chanvre et de lin, pour se consacrer presque exclusivement aux céréales. Quelques vignes importantes (trop par ce temps de mévente, au gré des propriétaires). Aucune sorte de culture fruitière maraîchère. Petite propriété généralisée (mais nos « petites propriétés » pourraient être appelées « moyennes » car elles atteignent et dépassent souvent 10 hectares). Il n'y a que trois domaines dépassant 100 hectares.

La race est absolument mélangée. De très nombreux sujets, de petite taille, bruns, d'indices crâniens variables, paraissent se rattacher à l'une ou l'autre des « petites races » indigènes : cévenole

surtout, ibéro-insulaire un peu moins. Quelques
sujets ont le type basque plus ou moins pur. Un
certain nombre de mésocéphales très grands et
très bruns sont probablement des Atlanto-Médi-
terranéens. Enfin de rares individus, grands et
blonds, Nordiques ou Nord-Occidentaux, sont
encore aujourd'hui les témoins vivants des inva-
sions gothiques ou anglo-saxonnes.

La population est depuis longtemps absolument
fixe (surtout dans la principale commune, chef-
lieu de canton mal desservi par les voies de communication). La consanguinité est générale : les
registres paroissiaux et d'état civil de l'agglomération la plus importante portent invariablement
les mêmes noms depuis le xvi° siècle. Encore
aujourd'hui, un jeune homme qui prend femme
dans un village voisin épouse « une étrangère ».
Un proverbe local dit :

> Prends la fille de ton voisin
> Que tu vois passer chaque matin.

Les femmes sont réglées jeunes (11 à 13 ans).
Pas de thyroïdiens dans le pays.

L'alcoolisme présente un double caractère ; il
est général et très modéré. Tout le monde (hommes, femmes et enfants) boit un peu trop de vin
et d'eau-de-vie de bouilleur de cru. Mais il n'y a
jamais d'ivrognes, et, dans le chef-lieu de canton, il n'y a que trois cafés.

La tuberculose est menaçante ; elle paraît s'hériter; près d'un quart des familles en est entaché. Beaucoup de formes torpides permettent une longue survie ; très forte proportion de méningites.

La syphilis, propagée par le régiment, est en augmentation [1].

Les maladies mentales proprement dites ne paraissent pas être en progrès.

La mortalité est élevée (50 à 60 décès annuels pour le chef-lieu) et la natalité faible (25 à 30 naissances) malgré la précocité des mariages [2]. Un cinquième des ménages environ est stérile. Chez les autres, pratiques malthusiennes et avortement (pratiqué sans grand mystère).

Au point de vue hygiénique, l'alimentation autrefois composée surtout de « millas » ou bouillie de maïs, est mauvaise, l'usage de faire porter les économies sur la nourriture étant général. Rien d'équivalent n'a remplacé le « millas » dans la ration alimentaire journalière. L'ail, l'oignon, les salades, les fèves, les haricots, le salé de porc, un peu de confit d'oie, quelques œufs et très rarement de la viande fraîche sont la base de cette ration.

Le paysan ne consomme ni lait, ni beurre, ni

1. Nous pensons avoir démontré ce qu'il pouvait y avoir de faux dans l'optimisme de M. le Médecin-Inspecteur Delorme, regardant la syphilis comme étant en diminution dans l'armée. Cf. notre article de la *Province médicale*, 1908.

2. Les hommes se marient au retour du service militaire, les filles généralement avant 20 ans.

fromage. Dans divers villages, il est, en certaines
saisons, presque impossible de se procurer un
litre de lait. En fait de fromage, on achète quelquefois du gruyère aux épiciers.

Abus général de tous les condiments. Le menu
d'un ouvrier agricole se compose parfois de pain,
d'oignons, d'ail et d'un hareng fumé (avec un litre
de vin par compensation).

Le vêtement est suffisant, mais la propreté cor-
porelle *insuffisante*.

Le taudis n'existe guère : les logements sont
vastes en général, et suffisamment aérés. Mais ils
sont mal tenus.

L'hygiène publique n'existe pas : il n'y a au
chef-lieu ni égouts, ni distribution d'eau, ni abat-
toir, ni abreuvoir, ni éclairage public.

Telle est, dans ses lignes principales, la situation actuelle de la région où nous avons observé
tant de neurasthéniques. Suffit-elle à expliquer
cette étrange diffusion de la névrose ? Et, dans
un ordre d'idées plus général, la névrose peut-
elle reconnaître des causes autres que des causes
pathologiques proprement dites (misère physiologique, surmenage, infections, intoxications)? C'est
ce que nous allons avoir à envisager ici.

## La neurasthénie rurale est-elle un mal contemporain ?

Et d'abord, la neurasthénie rurale est-elle un mal contemporain ?

Il est certain que le contraire pourrait être soutenu avec quelque apparence de vérité. Il faut remarquer en premier lieu que l'affection paraît être de tous les temps et de tous les pays, les mêmes causes produisant toujours les mêmes effets. Or, comme les faits démontrent eux-mêmes qu'elle est une des conséquences de l'inadaptation ou de l'adaptation insuffisante de l'être humain à son milieu, et qu'il est indéniable que, même en tant que simple *primate*, l'homme est un être inadapté [1] (une des conditions du progrès est précisément cette inadaptation originelle), il serait logique de conclure que la conscience plus ou moins nette de cette originelle inadaptation a fait, fait et fera de tout homme un neurasthénique originel lui-même. Mais ce serait là une conclusion trop hardie, la névrose dont nous nous occupons étant un état *morbide*, c'est-à-dire un état hors de la norme générale, et ne s'évaluant

1. Le mythe du péché originel est une expression de l'inadaptation humaine.] Le commandement « tu enfanteras dans la douleur » l'exprime d'une manière physiologique : il n'est pas en effet d'acte mécaniquement plus absurde que l'accouchement normal, surtout dans l'espèce humaine.

en quantité que par rapport à cette norme. Nous ne
pouvons parler de neurasthénie, nous ne pouvons
la connaître, nous ne pouvons même avoir in-
venté ce mot que parce que nous voyons autour de
nous des individus que nous reconnaissons comme
étant sains. Il nous est par conséquent impossible
d'attribuer à cette perpétuelle déchirure de
l'homme aux ronces dont tous ses chemins sont
semés la valeur d'une cause efficiente : il faudra
qu'un phénomène sociologique, économique ou
même physique local dans le temps et dans l'espace, et suffisamment brusque, exagère cette inadaptation pour qu'elle puisse acquérir cette valeur.

Cela se vérifie-t-il historiquement ? Il ne nous
appartient pas de pousser les recherches hors du
cadre de ce modeste travail. Mais quel était l'état
psychique des populations rurales, particulièrement exposées à ces exagérations passagères d'inadaptation, au cours des révoltes de paysans qui,
en tout lieu et à diverses époques, ont ensan-
glanté des pays entiers ? Etaient-ce des hystériques,
tous ? Ceci est infiniment peu probable, car nous
savons maintenant ce qu'il faut penser du « pi-
thiatisme ». Étaient-ce des mélancoliques révol-
tés en un terrible « raptus » ? L'histoire ne le
démontre guère. Il est beaucoup plus logique de
les regarder comme des « faibles irrités », des
neurasthéniques véritables. Mais, dira-t-on, des
abouliques peuvent-ils devenir des révolutionnai-

res actifs ? Persécutés, deviennent-ils persécuteurs ? On peut répondre à ces objections que, très certainement la neurasthénie de ces primitifs n'était pas comparable à la névrose contemporaine, et que l'affection a évolué. Nous faisons-nous une idée, en ce temps de vie en somme facile, de l'effroyable misère des Bagaudes ou des paysans des diverses provinces de l'ancien régime, *véritables affamés et surmenés congénitaux* ? Leur neurasthénie n'était-elle pas, toutes proportions gardées, un état comparable à celui du mélancolique devenu furieux, ou du paranoïaque persécuteur ?

# I

## CONDITIONS ET CAUSES PSYCHIQUES

A. — *Rôle de l'inadaptation et de la peur : causes valables pour tous les temps et tous les lieux.*

Nous croyons donc qu'il faut regarder comme très plausible l'ancienneté de la neurasthénie chez le campagnard. En dehors des diverses causes épisodiques (misère, surmenage, etc.), il est d'ailleurs, chez lui, une cause qui l'y prédispose d'une manière permanente : c'est la peur (manifestation brusque de l'inadaptation humaine la plus douloureuse pour l'individu). Cette peur guette à chaque instant le rural depuis les temps primitifs

— peur de la nuit dangereuse, peur des voleurs, peur des morts qui reviennent, peur du voisin — elle le guette infiniment plus que l'homme des villes parce qu'il se sent moins protégé tout autant contre les dangers extérieurs que contre les impulsions de ses semblables, gens qui, comme lui, sont encore peu maîtres d'eux-mêmes. Plus proche des ancêtres que des citadins, il tremble souvent comme les habitants primitifs des cavernes et des palaffites. Il fut donc, et de tout temps, plus prédisposé que lui à une certaine forme de neurasthénie dont nous exposerons plus loin la sémiologie détaillée.

## B. — *Causes spéciales à la région et à l'époque.*

Cependant la grande fréquence de la névrose dans le milieu qui nous occupe est un fait relativement récent. Le tableau symptomatique de l'affection a, nous venons de le dire, évolué depuis les siècles passés ; s'il s'est produit des effets nouveaux, c'est qu'il y a des causes nouvelles. Nous les étudierons pour la région et pour l'époque où nous avons observé. Mais il est indispensable auparavant de se faire une idée de la condition ancienne du paysan de la région garonnaise.

Sous l'Ancien Régime d'abord, au xviii° siècle tout au moins, il est certain que le campagnard

eut peu à souffrir. Ce fut, pour les quelques communes dont nous parlons comme pour une grande
partie de la France, l'époque des grands défrichements de forêts encore improductives : beaucoup d'endroits catalogués le « Bois », la « Forêt »
dans les cartes au 80/1000ᵉ et actuellement cultivés, témoignent de la grande étendue de terrain
sylvestre qui existait avant cette période. Les édits
royaux favorisaient le défrichement [1] et la noblesse locale ne l'entravait guère. Cette noblesse
n'avait d'ailleurs rien d'oppressif. Généralement
pauvres, les gentilshommes se désintéressaient de
leurs terres, s'expatriaient aisément et recher-
chaient déjà les carrières officielles, militaires ou
même administratives. Les familles nobles garon-
naises sont souvent, si j'ose m'exprimer ainsi, très
peu locales, et leur généalogie s'enrichit d'un
nombre généralement considérable d'alliances
extra-provinciales, ce qui est une preuve encore
de ce que je viens d'avancer. Aussi ne subsiste-t-il
guère dans la région d'anciens châteaux patrimo-
niaux, féodaux ou non, et ce n'est pas la Révolution qui les a jetés bas. Ils mouraient de leur
bonne mort, tombant en ruines, leurs propriétaires négligeant leurs fiefs depuis des années, et

---

1. Quatre cent mille arpents sont défrichés immédiatement
après l'édit de 1766 qui affranchit pendant quinze ans de la
taille les terrains conquis sur le taillis ou le marais. (Gasquet.
*Institutions politiques et sociales* de l'ancienne France, Paris,
1891.)

des siècles quelquefois. Les communautés rurales profitaient de cet « absentéisme » et s'affranchissaient progressivement des droits seigneuriaux. Tel seigneur de la région dont nous nous occupons ici, ne retirait guère, vers 1740 [1], plus de 300 livres annuelles d'un fief fort étendu, et, à l'époque de la Révolution, n'en retirait plus rien du tout. D'ailleurs, la noblesse ne possédait pas même la moitié du sol : les biens d'Église étaient immenses et nombreux [2], et les abbayes ne se montraient guère exigeantes. Il est certain que les ruraux de la région étaient beaucoup moins obérés que dans d'autres provinces françaises, n'ayant à pâtir que de la lourdeur permanente de la taille [3]. Ajoutons enfin que la Garonne [4] était le véhicule d'une active circulation marchande, et que les produits du sol ou des industries locales s'écoulaient aisément vers Toulouse

1. Il s'agit du fief de Moutet, sur lequel nous avons en notre possession quelques documents intéressants.

2. Ressortissant principalement pour la région des abbayes de Moissac (dont depuis le xvii⁰ siècle, l'archevêque de Toulouse était abbé) et de celle de Granselve.

3. Cette lourdeur elle-même était moins sensible dans la région garonnaise : le Languedoc, la Guyenne et le Quercy étaient des pays de taille *réelle*, c'est-à-dire évaluée *cadastralement*, et non de taille personnelle, c'est-à-dire évaluée *arbitrairement*.

4. Il existe encore des traces de cette ancienne batellerie : les sociétés locales de « Marins » qui subsistent encore à Moissac, mais qui ne réunissent maintenant que les nautonniers du canal latéral à la Garonne.

et Bordeaux. Enfin le pays jouissait d'une natalité élevée [1] (comme le démontrent à première vue les registres paroissiaux d'état civil) ce qui rendait insignifiant le prix de la main-d'œuvre. Cette cause réunie aux autres : fécondité d'une terre toujours plus défrichée, débouchés économiques largement ouverts, donnait à la région une prospérité qui devait s'accroître encore plus tard.

Le Premier Empire ouvrit, en effet, une nouvelle source de richesse : il marque l'aurore, pour le pays entre Agen et Montauban, d'un développement industriel véritable. L'extension qu'avait prise grâce aux défrichements la culture des céréales avait déjà créé dans de nombreux centres une industrie meunière bien outillée et fort active qui avait donné, grâce à ses débouchés, une vitalité plus grande encore au commerce des grains et farines. Sur les bords du fleuve les moulins se multiplièrent et s'agrandirent encore, depuis Toulouse jusqu'à Bordeaux, et le nombre d'hectares cultivés en blé augmenta d'un quart. Ce fut la source de l'enrichissement d'un grand nombre de familles rurales et l'accession à la bourgeoisie de

---

1. Les mémoires des intendants (1783 et 1787) donnent comme chiffres intéressants à connaître: a) pour la généralité d'Auch, 1.436 naissances pour 1.000 décès ; b) pour la généralité de Languedoc 1.279 naissances pour 1.000 décès. A cette époque, la Bretagne et le Berry donnent, au contraire, un très faible excédent au point de vue natalité. La carte de France s'est depuis un siècle et demi entièrement modifiée.

beaucoup de riches campagnards. Pour les plus pauvres, si nombreux qu'ils fussent, ce fut le travail toujours assuré. Pendant plus de soixante-dix ans — tant qu'au point de vue économique le mot blé fut en somme, pour la France, l'équivalent du mot : richesse — la fortune des terriens augmenta sans cesse. Tout changea ensuite et nous verrons comment.

Pendant les deux seconds tiers du xviii° siècle et pendant les trois premiers quarts du xix°, la prospérité locale fut donc à peu près constante. Et, si l'on essaie, parallèlement, de se rendre compte de l'état mental des habitants de la campagne pendant cette période, on voit un beau degré de force intellectuelle et morale témoigner de l'équilibre de leurs facultés. Je connais personnellement et par les paroles ou les écrits de vieillards intelligents et d'anciens confrères l'arbre généalogique médical de quelques familles : si un certain nombre de leurs membres ont payé leur tribut aux diverses psychoses, l'histoire souvent mouvementée de beaucoup d'entre eux ne fait guère songer à l'aboulie ou à la peur. En envisageant les choses au point de vue pathologique, on peut classer, sans crainte de se tromper, quelques-uns d'entre eux, fantasques à l'excès, parmi les « demi-fous » de Grasset [1] ; il est certain que d'autres fu-

1. Il est à remarquer à ce propos que, parmi les demi-fous de génie que cite Grasset, parmi les « créateurs » proprement dits, il y a une infime minorité de neurasthéniques.

rent aliénés et isolés comme tels, mais bien peu,
semble-t-il, étaient atteints de « faiblesse irritable ». Les guerres de l'Empire révélèrent certains
d'entre eux comme de ces créateurs en actes, de
ces « artistes en énergie » qui eussent plu à Nietzsche et qu'aurait aimé à faire revivre Paul Adam
ou d'Esparbès. D'autres furent des fondateurs
d'industries. Quelques-uns, émigrés dans l'Amé-
rique du Sud, y acquirent de puissantes situations agricoles ou commerciales. Et bien avant
ces ancêtres encore immédiats, les quelques communes où nous trouvons maintenant tant de neurasthéniques donnaient naissance à de hardis
colonisateurs qui, à la suite de Laumet[1], dit Lamo-
the-Cadilhac, fondaient des établissements dans
la Louisiane ou des villes nouvelles au Canada, à
des savants aussi estimables pour leur temps que
Thomas Goulard[2], professeur de chirurgie à Montpellier, et à une infinité d'hommes de volonté
ferme et d'intelligence active dont j'ai suivi à tra-
vers les vieux documents des notariats et des familles un « curriculum vitæ » administratif quelquefois, mais plus souvent commercial ou agricole
que rendait généralement heureux leur esprit de

1. Né à Saint-Nicolas de la Grave en 1674, fondateur de Dé-
troit (Michigan).
2. Né dans la même localité le 3 mars 1697. Propagateur de
l'extrait de Saturne. Le Codex donne encore son nom à l'Eau
Blanche.

suite et quelquefois leur absence de scrupules [1].
Chez eux, point d'aboulie, point d'effroi devant
les responsabilités quotidiennes, point de stérile
inaction. Et tous, bien entendu — car je ne parle
ici que des ruraux proprement dits — s'étaient
« faits eux-mêmes » (pour employer une expression bizarre autant que courante), étaient des campagnards fils de campagnards qui n'avaient pas
trouvé, dans une aisance héréditaire, les moyens
de faciliter la « mise en train » de leur carrière.

Tout a maintenant changé, et il semble que
l'appauvrissement en fortune ait marché parallèlement avec l'appauvrissement en énergie. Au
point de vue économique, la bonne situation locale,
créée au xviii° siècle, consolidée sous l'Empire, se
maintint fort longtemps. Dans la carte dressée
par M. Levasseur à la suite de l'enquête faite en
1879-1881 par ordre du ministère des Finances,
le Tarn-et-Garonne figure, au point de vue du prix
vénal des terres, parmi les départements où l'hectare vaut en moyenne plus de 2.500 francs. Les
départements voisins, Lot-et-Garonne et Haute-
Garonne, atteignent seulement à cette époque
2.000 francs l'hectare et les prix moyens dans tout
le reste de la région du Sud-Ouest, varient de

---

1. Cette absence de scrupules pourrait les faire regarder, eu
égard aux mœurs contemporaines, comme des amoraux, mais
jamais, certes, comme des neurasthéniques.

1.000 à 1.500 francs ; seuls les départements de
l'extrême Nord et le Rhône atteignent un semblable chiffre. Or, à l'époque où j'écris, cette
valeur a baissé pour les communes étudiées ici de
plus de moitié, et ce, dans l'espace de trente ans.
Ceci démontre que pour ce département plus que
tous les autres, il y a eu un subit et considérable
abaissement de la fortune immobilière, qui était
devenue le seul capital d'un pays d'où toute industrie avait disparu depuis 1870 [1].

Et comment sont cultivées ces terres actuellement si dépréciées ? Le chanvre, le lin, le mûrier
ont été successivement abandonnés ; l'élevage des
chevaux et des bêtes à cornes a augmenté, comparativement à d'autres départements placés dans
des conditions moins favorables que celui qui nous
occupe, dans des proportions tout à fait insuffisantes. La culture des céréales, au contraire, a
presque tout absorbé ; elle a doublé comparativement à 1842. S'est-elle au moins perfectionnée ?
Nullement. Le blé donne 12 hectol. 03 à l'hectare,
le maïs 13 hectolitres, l'avoine 13 hectolitres alors
que la moyenne est respectivement pour le froment de 18 hectol. 50, pour le maïs de 16 hectol. 04,
pour l'avoine de 34 hectol. 20. On cultive d'une
manière toujours routinière et bien souvent insuffisante par suite du manque de bras.

Au point de vue démographique, la population

1. *Voir note page suivante.*

**1.     Tableau comparatif sommaire de l'état économique et démographique du Tarn-et-Garonne en 1842 et en 1899**

|  | 1842 | | | Agriculture | 1899 | |
|---|---|---|---|---|---|---|
|  | **HECT.** | **PRODUCTION** | | | **HECT.** | **PRODUCTION** |
| Vignes... | 38.329 | 470.000 н | ...... | | 22.830 | 273.940 н |
| Bois..... | 51.061 | » | ...... | | 47.624 | » |
| Céréales. | 80.000 | 3.290.000 н | | | 155.770 | 2.060.760 н |

### Elevage

| | 1842 | | 1899 |
|---|---|---|---|
| Chevaux........ | 15.000.... | ................. | 17.880 |
| Bêtes à cornes.. | 50.000.... | ................. | 89.450 |
| Porcs et moutons | 300.000 ... | ................. | 160.220 |

### Etat de la propriété en général

| | 1842 | | 1899 |
|---|---|---|---|
| Propriétaires... | 83.881.... | ................. | 112.025 |
| Maisons........ | 56.996.... | ................. | 66.105 |

### Total des contributions directes versées

3.600.140 fr. 82....|.......... 8.337.721 fr. 25

### Mouvement de la population

| | 1842 | | 1899 |
|---|---|---|---|
| Naissances...... | 5.627.... | ................. | 3.433 |
| Décès.......... | 5.806.... | ................. | 4.277 |
| Excéd. des décès. | 179.... | ................. | 834 |

### Total de la population

239.339....|.............. 200.390

### Industries

| | 1842 | | 1899 |
|---|---|---|---|
| Minoterie........ ............. | |......... | id. |
| Draperie.................... | | | |
| Toilerie................... | |......... | disparues |
| Soierie (*gros de Montauban*)... | | | |
| Filatures (*laine, coton, soie*)... | |........ | une seule fil. de soie |
| Tannerie... .................. | |........ | insignifiante |
| Métallurgie...... ............ | |........ | une seule usine |
| Faïencerie (*Ardus, Montauban, Auvillac*) ................ | |........ | disparues |

décroît depuis longtemps dans le Tarn-et-Garonne. En 1842, on constatait déjà un excédent de 179 décès et, depuis 1821, le département prenait place parmi les 10 ayant la plus faible natalité. Il y occupait d'abord les 7° et 8° rang (à partir du département le moins favorisé), les conservait pendant quarante-huit ans (de 1821 à 1869) puis décroissait brusquement jusqu'au troisième rang, entre 1869 et 1877, pour ne jamais améliorer sa situation depuis. Cette faible natalité paraît être à peu près la seule cause de dépopulation dans le département, car la mortalité du premier âge est à peine plus élevée que dans le reste de la France (16 % au lieu de 15,6 %) et la mortalité générale est en décroissance dans le Tarn-et-Garonne, ni plus ni moins que dans les autres régions. Quant à l'émigration, l'immigration depuis 1886 la compense à peu près parfaitement.

En résumé, le département est en décadence à tous les points de vue, aussi bien démographiquement qu'économiquement parlant. Mais la décadence économique n'a pas été parallèle à la décroissance de la population et de la natalité ; la disparition rapide et totale des industries a, en effet, vers la fin du Second Empire, maintenu quelque temps un certain degré de prospérité agricole en rendant petit à petit aux travaux des champs les quelques milliers d'ouvriers qu'elles employaient. Mais, à partir de 1881, l'équilibre un instant maintenu a été entièrement rompu et la chute s'est accélérée, aidée d'autre part par l'augmentation toujours croissante des charges que fait peser l'État sur le contribuable rural.

Le paysan souffre moralement de l'appauvrissement [1] dont il n'a plus, comme autrefois, à souffrir physiquement. Il subit de ce chef, depuis trente ans, un véritable traumatisme moral, et ce

1. On peut considérer comme causes d'appauvrissement, outre la diminution de la population et ses conséquences (hausse des salaires agricoles, insuffisance de culture) :

a) L'abandon par les jeunes paysans et leurs femmes du métayage (or, le fermage n'existe pas dans le pays) et, conséquemment, impossibilité actuelle de faire cultiver les propriétés un peu importantes.

b) La disparition de la bourgeoisie rurale, autrefois très nombreuse, riche et nullement avare, bien au contraire.

c) Le manque absolu de solidarité entre cultivateurs. Il n'y a pas un seul syndicat agricole dans deux arrondissements entiers du Tarn-et-Garonne. Il y en a dans la Nièvre seule 103 !

d) L'improductivité de plus en plus marquée du sol.

1° Par l'abandon d'anciennes cultures productives (chanvre, lin, arbres fruitiers) ;

2° Par l'insuffisance des façons culturales et de l'engrais ;

3° Par la mévente des céréales et des vins.

e) La diffusion du luxe : dépenses somptuaires absurdes, par orgueil, pour ne pas paraître appauvri (toilettes, voitures, chevaux, bicyclettes, etc.).

f) La persistance du préjugé que seul l'argent monnayé a quelque valeur et le gaspillage consécutif de maints produits du sol qui auraient une vraie valeur marchande (fruits, fourrages divers).

g) Morcellement toujours croissant du sol, ce qui n'est pas précisément, dans les conditions où vit le pays, une source d'enrichissement. Ce morcellement augmente, en effet, aux dépens de la grande propriété, et au profit de la moyenne.

traumatisme permanent a été assez brusque pour
le prédisposer à la neurasthénie. Il peut en
effet, aidé par ses souvenirs ou ceux de ses ascendants, faire la comparaison entre l'état ancien et
l'état actuel [1]. Si, poussé par l'orgueil, il n'avoue
pas toujours la souffrance qu'il en éprouve, cette
souffrance devient souvent d'autant plus vive
qu'elle est plus concentrée ; j'ai vu, avec bien
d'autres, le petit propriétaire, père d'un fils ou
d'une fille unique, possesseur, grâce aux économies et aux alliances de ses ancêtres entre « hé-
ritier et héritière » d'un bien de 15 à 20 hectares être pris d'une angoisse subite en s'aper-
cevant, à l'occasion d'un incident quelconque de
la vie agricole, que, loin d'être un riche comme
on le croyait dans son village, il était en train de
devenir un véritable « pauvre » et que la transformation économique actuelle allait l'obliger
soit à dévorer tous ses bénéfices en engageant

1. Or, l'orgueil familial, et, si l'on peut dire, le préjugé de
famille, sont des plus intenses dans la région. Chaque mariage,
même parmi les plus humbles, provoque dans l'entourage des
comparaisons interminables et fouillées sur la situation présente et passée des familles des conjoints, tout autant, et même
parfois plus, que sur la situation pécuniaire. Cet orgueil familial, qu'on est d'ailleurs habitué à voir se manifester d'une façon ridicule sur les lèvres du « Gascon » classique et littéraire, est un trait de sa mentalité justement remarqué depuis
longtemps. Les paysans « propriétaires », ou plutôt dans le
langage du pays, les « paysans » tout court (car ce mot en langage local, signifie « possesseur d'un terroir ») craignent de
« déroger ».

(à 600 francs l'un, s'il en trouvait...) un ou deux valets de ferme [1], soit à ne cultiver — et encore insuffisamment — qu'une partie de ses terres, soit à les vendre 1.200 francs l'hectare, alors que ses grands-parents les ont achetées 3.500 francs. Il commence à arriver assez fréquemment qu'il se résolve à ce dernier parti, et que, muni par sa vente d'une vingtaine de mille francs de capital, il aille au chef-lieu voisin chercher une situation rétribuée quelconque [2]. Quelque association parisienne (une ou deux sociétés à gros capitaux font déjà ce commerce) aura acheté ses terres pour les vendre morcelées aux voisins les plus pauvres qui placent ainsi leurs économies, sans se rendre compte que l'augmentation d'un patrimoine est une cause de ruine s'il n'y a pas accroissement parallèle de la famille. Les voisins riches depuis vingt ans n'achètent plus.

Enfin, en d'autres provinces et presque dans toute la France, le milieu rural s'est, depuis ces dernières années, profondément modifié par suite du développement des moyens régionaux de communication, permettant un échange permanent de produits industriels et agricoles, ainsi que d'individus et d'idées. Pour la région qui nous oc-

---

1. Le valet de ferme existe encore, la fille de ferme n'existe plus.

2. Il ne trouve pas toujours cette situation. Il se fait alors, bien souvent, petit épicier ou cabaretier dans quelque grande ville et vivote.

cupe, au contraire, dépourvue complètement de
tout tramway et de tout chemin de fer d'intérêt
local [1] et desservie uniquement par la grande ligne Bordeaux-Cette (qui s'est purement et simplement substituée à la Garonne et à son canal latéral comme voie de transit), le dit milieu s'est
trouvé isolé de la vie intellectuelle et économique
modernes, et partant tout à fait inadapté aux conditions nouvelles de l'existence telles qu'elles ont
été créées, dans le reste du pays, par le libre fonctionnement des lois fondamentales du développement industriel et commercial contemporain.
Le paysan ignore ces conditions nouvelles : il
n'en entend qu'un écho affaibli et généralement
déformé par l'intermédiaire de l'enseignement de
ses instituteurs et des articles de ses journaux.
Or, pour qu'il s'y adaptât il faudrait qu'il les ap-
prît de la bouche de ses semblables ou les connût
par leur exemple [2].

Aussi arrive-t-il que lorsqu'il n'est pas resté
absolument routinier, il devient quelquefois, au

1. Le Conseil général de Tarn-et-Garonne a voté, en 1909
seulement, la construction d'un réseau départemental de tram-
ways.

2. L'enseignement pratique n'a de valeur chez le rural que
s'il est mutuel. Les cours d'adultes faits par des gens d'autre
caste ont entièrement fait faillite. Les « foires » favorisées
par de bons moyens de communication, ont fait merveille dans
d'autres départements comme facteurs de perfectionnement
agricole (échanges d'idées et d'observations entre ruraux, ex-
positions de machines et d'engrais).

contraire, absurdement novateur. J'ai vu tenter des essais de culture d'étranges fourrages exotiques déjà essayés et condamnés ailleurs[1], j'ai vu expérimenter (?) d'extravagants engrais. J'ai vu toute une contrée[2], au moment où une compagnie sucrière songeait à installer une usine dans le pays, s'engager, sur les listes conditionnelles qu'elle faisait circuler parmi les cultivateurs pour s'enquérir de la possibilité d'une production betteravière suffisante, à une culture tellement étendue de la dite racine qu'il lui eût été indispensable de se procurer, pour y suffire, un millier au moins d'ouvriers agricoles supplémentaires. La Compagnie fut-elle épouvantée de cet enthousiasme? Le tout est qu'elle abandonna son projet. Et les paysans continuèrent à cultiver, avec l'araire du moyen âge, leur éternel maïs et leur éternel froment[3].

Donc, le paysan de la région riveraine d'une partie du Tarn-et-Garonne souffre réellement. Cette souffrance n'est plus la souffrance physique des campagnards faméliques d'autrefois : il s'agit d'une douleur morale permanente, ravivée à cha-

1. Un de ces essais fut tenté malgré l'avis contraire d'un professeur d'agriculture.
2. Ce fait s'est passé en 1908.
3. Il est de mode d'incriminer la routine du paysan, sans réfléchir combien il est absurde d'accuser un irresponsable qui ne s'est pas formé lui-même et n'a pas formé davantage le milieu où il est né et où il vit.

quo instant par des incidents parfois désagréables de la vie rurale. Aussi la détresse économique peut-elle le prédisposer à la neurasthénie, et la conditionner même [1] :

1° Par la tristesse et le mécontentement permanent qu'elle engendre ;

2° Par le sentiment d'infériorité vis-à-vis d'autrui qu'elle crée [2];

3° Par la sensation pénible de l'inefficacité de l'effort, du travail sans rendement, de l'acte volontaire sans effet : la constatation du déplorable résultat économique d'un labeur acharné brise la volonté du rural qui n'a jamais la sensation inverse, éminemment incitante, de l'effort récompensé [3].

Il se transforme donc un point de vue psychique

1. Il ne faut pas s'étonner si l'on peut ranger parmi les symptômes de la neurasthénie la plupart de ses *causes*. La peur justifiée ou injustifiée est cause, la peur injustifiée seule est symptôme ; le sentiment d'infériorité justifié ou injustifié est cause, le sentiment d'infériorité injustifié seul est symptôme. Il n'y a rien chez le neurasthénique, au point de vue mental, qui ne soit chez l'individu sain. C'est la raison pour laquelle la neurasthénie ayant suivi les étapes successives du développement psychique du rural, a vraiment évolué.

2. La révélation *brusque* de ce sentiment d'infériorité peut agir comme trauma moral, et elle n'est pas rare, le campagnard de notre région vivant, comme nous venons de l'exposer, plus isolé que ceux de beaucoup d'autres régions. Cette révélation pourra se faire surtout à la suite d'un voyage dans un pays et dans un milieu différents.

3. Aussi émigre-t-il souvent vers les chefs-lieux, où le salaire récompensera immédiatement et plus sûrement le travail.

et si, à ces causes insuffisantes à elles seules pour provoquer la névrose, le hasard veut qu'il s'en ajoute d'autres — les causes pathologiques et toxiques que nous étudierons tout à l'heure — la neurasthénie se trouve constituée de toutes pièces et, séméiologiquement parlant, orientée. Il arrive ainsi que seuls restent indemnes les sujets physiologiquement sains.

D'ailleurs, d'autres causes, non plus économiques, mais psychiques, sont venues également modifier l'état mental du paysan. Personne, en effet, n'est venu donner des leçons d'énergie morale, ou, pour ne pas employer ce terme équivoque, de volonté active à cet individu désarmé. Bien au contraire, il semble qu'on le prépare, en quelque sorte, à l'aboulie et à la phrontidophilie [1]. Et, puisque nous commettons ici un néologisme correctement formé, qu'on nous en passe un plus barbare, mais expressif, celui de *neurasthéniculture*.

## La neurasthéniculture

1° *Familiale*. — Il existe d'abord une « neurasthéniculture » familiale. Que l'on ne s'étonne pas trop de la fréquence des neurasthéniques en son-

---

1. Remarquons que le mot grec « φροντίς » veut dire à la fois réflexion et souci, et qu'aucun mot ne peut mieux caractériser la « réflexion douloureuse » des primitifs, chez qui l'effort d'aperception intérieure est toujours pénible.

geant que les habitants de la région que nous étudions ici sont, pour la plupart, et quelquefois de génération en génération, des enfants gâtés, toujours complimentés, parfois menacés, jamais punis. On n'essaie d'inculquer l'obéissance indispensable à la répression des instincts antisociaux que par la promesse de distractions ou de plaisirs. Or, « la plus grande faute de l'éducation moderne consiste à initier les enfants aux plaisirs et distractions qui ne sont pas de leur âge » [1], et, précisément, c'est ce que font nos campagnards. On promet au petit garçon de le mener au café avec son papa, à la petite fille de lui acheter une boîte de poudre de riz, des gants de peau, ou une toilette qui fera « crever de rage » toutes ses jeunes amies. On tentera de faire ainsi par une initiation trop précoce des petits hommes ou des petites femmes avant la puberté, hommes et femmes bien incomplets puisqu'on leur laisse ignorer la douleur. On essaiera, aidant en cela l'instituteur, de rendre l'enfant « conscient »; l'absence de souffrance développera en lui l'orgueil; et, bien plus sûrement que par le châtiment immérité, on aura tué dans l'œuf parallèlement la force de vouloir, et celle de résister aux traumatismes psychiques.

2° *Scolaire.* — Il existe ensuite une « neurasthéniculture » scolaire. L'école s'est en effet profon-

---

1. Patrick.

dément transformée depuis cinquante ans. La
maisonnette à classe unique, mal éclairée et mal
chauffée, et où enseignait un magister routinier et
latiniste est devenue, depuis 1870, la « maison
d'école »avec un ou plusieurs maîtres diplômés,
avec des classes sexuellement distinctes et parfois
multiples, avec un chauffage et un éclairage sinon
parfaits, tout au moins suffisants. Le maître est
diplômé, avons-nous dit ; c'est même en général
un « normalien » départemental. Et ce mot veut
dire bien des choses ! Le fils de famille rurale
aisée (dont on eût fait autrefois un prêtre) a été,
après de bonnes études primaires « supérieures »
admis dans le séminaire départemental où se
forment les instituteurs. Sous une discipline suffisamment sévère, on lui a enseigné cette multi-
plicité de mots sans idées qui forment malheureusement une trop grande partie du langage
scientifique contemporain. Il a malheureusement
aussi donné à ces mots toute la valeur qu'il eût
autrefois attribuée aux phrases latines d'un rituel :
certains d'entre eux se sont irrémédiablement
fixés dans sa mémoire : il a appris, en tant que
définitif, ce qui n'était que du provisoire en réalité. Avec le train dont marchent actuellement
les notions scientifiques, il s'est trouvé que, peu
d'années après la « normale », il est devenu un
véritable arriéré, quelquefois un arriéré entêté,
c'est-à-dire un « réactionnaire » du savoir. De
plus, il n'a pas suffisamment appris pour com-

prendre, et si certains peuvent, par exemple, lui reprocher légitimement au point de vue historique de n'avoir envisagé — et enseigné — l'évolution de la nation française que comme une lutte entre deux classes : l'une bonne, savante, vivant au grand jour, la classe populaire, et l'autre mauvaise, ignorante et occulte : la classe des prêtres, des nobles et maintenant des bourgeois, c'est plutôt la faute de l'instruction qu'il a reçue que sa faute personnelle. Les mots l'ont trop aidé à simplifier les choses : et il eût mieux valu pour lui qu'au lieu d'apprendre des rudiments dogmatiques de sciences, il eût été jeté pour quelque temps dans l'effroyable chaos de la science en marche, allant non pas (suivant une allégorie facile) le flambeau à la main sur une route unie, mais marchant à tâtons dans les ténèbres, et laissant derrière elle, tels les traînards d'une grande armée, agoniser dans les ornières du chemin les lois surannées et les hypothèses vieillies. On a fait, en enseignant dogmatiquement les instituteurs, des savants d'ordre incomplet, qui n'ont pas l'esprit formé au doute désintéressé, au doute scientifique qui est, dans l'ordre pratique, la meilleure préparation à la tolérance qu'il y ait.

Aussi ont-ils eux-mêmes enseigné dogmatiquement leurs élèves au lieu de leur donner simplement les connaissances que doit, de toute nécessité, posséder tout homme à peu près civilisé.

Coménius [1] le « grand Coménius » de certains, celui qui voulait que l'on enseignât « tout à tous » a été consciencieusement suivi par les pédagogues contemporains et on a laissé de côté la modeste mais si avantageuse définition de l'éducation que donne M^{me} Necker de Saussure [2] : « Élever un enfant, c'est le mettre en état de remplir un jour le mieux possible la destination de sa vie. » On a voulu, avec Rousseau, mettre en œuvre « l'art de former des hommes » et on a oublié que l'homme, tout autant qu'un Démiurge aimait « à former l'homme à son image ». On a défini l'enfant « un embryon social » [3] et on a voulu diriger l'évolution de cet embryon suivant la conception qu'on avait soi-même de l'organisation sociale. On a voulu enfin (et cette expression est courante) former des « individus conscients », oubliant qu'à cultiver hors de mesure l'aperception intérieure, on risquait, rompant l'équilibre, d'énerver la volonté agissante. Cette méthode d'enseignement a donné les plus mauvais résultats. Donner les notions indispensables à l'existence contemporaine eût suffi ; la vie eût ensuite suffisamment cultivé le rural, qui est, de tendance et de fait, le plus autodidacte des autodidactes. L'école actuelle lui enseigne peu, le

1. Coménius. *Paedagogischen Schreiften*, 1875.
2. Necker de Saussure, *Éducation progressive*. Paris, 1836.
3. Compayré. *Grande Encyclopédie du XIX^e siècle*.

désadapte autant que possible, et lui apprend l'aboulie et la passivité.

3° *Littéraire.* — Chez l'adulte, le journal et le livre agissent dans un sens analogue. Le journal surtout. On verra en note [1], exprimée en chiffres, la diffusion progressive des journaux en France. Le commencement de cette diffusion date de 1836 ; elle paraît s'être faite depuis 1867 suivant une progression plutôt géométrique qu'arithmétique et il semble qu'elle n'ait pas encore atteint son maximum. Les journaux peuvent être nuisibles de plusieurs manières, bien que leur rôle, par d'autres côtés, ne laisse pas d'être relativement bienfaisant. Mais leur manne quotidienne, parfois nutritive, est souvent toxique. Par leurs récits circonstanciés de drames et de crimes, si recherchés du public à mentalité inférieure, ils exaspèrent cet appétit d'avoir peur, de s'émouvoir inutilement qui est naturel à l'homme en général, mais plus spécial à l'individu insuffisamment cultivé. Par leurs romans passionnels souvent, aux intrigues la plupart du

1. En 1821, il existe 12 journaux, comptant 55.604 abonnés. En 1836, un journal, *la Presse*, avait à lui seul, 20.000 abonnés. En 1840, 26 journaux ont ensemble 180.000 abonnés. Malgré le régime antilibéral du Second Empire, régime qui dura jusqu'en 1867, le nombre total d'abonnés fut pendant sa durée, de 170.000 environ. Depuis lors, la liberté de la presse a permis une production journalistique si grande qu'on ne peut donner de statistiques ; mais on sait qu'un journal qui ne tire qu'à 50.000 exemplaires n'est qu'un journal de très second rang.

temps enchevêtrées, nombre d'entre eux ont fait entrevoir au lecteur l'existence active sous un jour terriblement machiavélique et compliqué, et divisant artificiellement les hommes en deux catégories (celle des bourreaux et celle des victimes), ont surexcité chez lui deux sentiments différents, mais déprimants au même degré : la pitié [1] et encore la peur ! Par leurs contes soit hypocritement, soit ouvertement pornographiques, ou quelquefois sentimentalement ou niaisement idéalisés, ils ont vicié l'instinct sexuel, ou, si l'on préfère, la notion vraie de l'amour, dramatisant jusqu'au tragique le désir simple et la plate sensualité (quelquefois même la sensualité morbide) et, au contraire ridiculisant jusqu'au grotesque ce mélange d'appétence physique et de sympathie morale qui est le sentiment utile, le vrai lien reproducteur et créateur des familles. Enfin, en tant qu'informateurs, ils ont contribué à augmenter l'ennui inséparable, chez le rural de l'isolement [2] par la comparaison qu'ils lui per-

1. La pitié est souvent égoïste : il est devenu banal d'en faire la remarque. Et la pitié égoïste, celle qui ne se traduit pas par l'acte secourable ou par la volition secourable (même non réalisée) n'est que de la peur pour soi-même.

2. Le rural a-t-il toujours souffert de l'isolement ? L'ennui qui parfois lui rend la vie pénible (au moins dans la région que j'étudie ici) est-il un mal récent ? Je n'ai pu trancher la question, bien que je penche pour la négative. En tous cas, je considère que l'habitant des villes, que la vie en commun distrait sans cesse, n'a guère le droit de lui reprocher, lorsque l'existence lui devient physiquement et moralement plus dure,

mettent de faire par la lecture de leurs program-
mes ou de leurs comptes rendus entre les distractions qu'il trouve dans son milieu ordinaire, et
celles que d'autres trouvent, à bon marché, et
souvent même gratuitement, dans les villes.

Quant à l'instruction historique ou scientifique
qu'ils peuvent donner, elle est souvent mauvaise,
étant à la fois superficielle et inexacte. Mais leur
principal inconvénient est de faire comme le
maître d'école : de présenter comme définitives
des hypothèses tout à fait provisoires et mal vé-
rifiées, et que l'esprit du rural, fermé à la criti-
tique par la manière dont on l'a formé [1], accep-
tera comme des dogmes intangibles. Le journal
qu'il achète et qu'il paie est presque toujours un
oracle pour lui : une foi nouvelle est née, la foi
au divin « Imprimé » [2] !

La Presse a donc créé, depuis 1867 surtout,

---

d'abandonner la lugubre masure, perdue au fond de quelque
vallon, où retenus seulement par l'intérêt ou la nécessité, les
ancêtres ont tristement vécu et souvent, de filiation en filiation, dégénéré.

1. Intangible, imprescriptible, définitif, intégral, éternel, im-
mortel, universel, mondial, absolu, normal : déluge d'épithètes
trop familières à notre époque, surtout quand on les applique
aux substantifs si usuels, de principes, de lois et de droits.

2. La poste apporte au paysan, avec le journal, le prospectus.
Celui-ci est lu, et souvent cru dans les régions où les commu-
nications difficiles font sa rareté. Aussi, malgré l'avis de ceux
qui ne peuvent malheureusement que lui parler, son médecin
par exemple, le rural malade achète à l'escroc la ceinture élec-
trique qui invigorera ses reins affaiblis.

chez les habitants des campagnes un état d'esprit nouveau, développant d'un côté certains instincts inférieurs, faisant régresser en quelque sorte le psychisme du rural, et de l'autre créant chez lui des aspirations nouvelles qu'il ne peut satisfaire et lui donnant, plus encore que des connaissances nouvelles, des besoins nouveaux. Ce double travail, réalisé en deux sens différents, est incontestablement un des procédés les plus efficaces de désadaptation.

Les livres ont eu moins d'action que la presse. Il est amusant et instructif de dresser le catalogue des rares ouvrages que l'on trouve chez les ruraux surtout si, comme je l'ai fait, on le dresse comparativement chez les vieux et chez les jeunes. Quelques livres de piété (divers Missels, presque toujours « l'Imitation », et souvent la « Journée du Chrétien »), quelques ouvrages plus ou moins didactiques dont la réputation se transmettait héréditairement (par exemple le livre des secrets du Grand et du Petit Albert), une rudimentaire Histoire de France conservée depuis l'école avec un Catéchisme et une Histoire Sainte, quelques brochures politiques semées par divers candidats, une collection d'almanachs achetés aux foires, et quelquefois, dissimulé dans un coin quelque recueil de facéties ou d'histoires galantes acquis pendant un long service militaire, forment toute la bibliothèque des vieux. Celle des jeunes est plus étendue : les livres de piété (sauf le Caté-

chisme et le Missel) ont disparu ; le nombre des
ouvrages didactiques, scolaires ou non, a augmenté (mais il est curieux d'y constater la pénurie
d'ouvrages agricoles : on y trouve, par contre, deux
ou trois « Histoire de France », une « Arithmétique », un petit Atlas, un ou deux livres de morale,
quelquefois, chez les riches, un opuscule illustré
sur les « Merveilles de la science », fort souvent la « Médecine chez soi » ou quelque autre
ouvrage de médecine vulgarisée, presque toujours une « Clef des songes », un « Manuel des jeux
de cartes et autres »), les brochures politiques
sont beaucoup moins nombreuses, les almanachs
plus volumineux et aux naïfs recueils d'histoires
plus ou moins galantes a fait place « L'hygiène
des deux sexes » ou celle du « Mariage » et toute
une série de romans à 25 ou 50 centimes, d'auteurs aussi divers qu'inconnus. Le « Coin des poètes » est rare dans ces embryons de bibliothèque ;
on peut cependant y rencontrer, grâce aux publications d'éditions à bon marché, quelques
livraisons dépareillées d'Hugo ou de Musset (qui
devient le poète érotique obligatoire et national).
Les œuvres de poètes de langue d'oc sont encore
plus rares que celles des poètes français ; je n'ai
trouvé Jasmin qu'une fois.

Que conclure de cette comparaison ? Laquelle
vaut mieux de l'ancienne ou de la nouvelle bibliothèque ? Toutes deux, évidemment, sont par leur
indigence de bien faibles ressources contre l'en-

nui, et il est certain qu'en dehors des journaux les lectures du rural sont encore plus insuffisantes qu'utiles ou nuisibles. Quelque chose cependant m'inquiète dans la collection du jeune rural ; l'absence d'ouvrages agricoles, la présence de romans inintelligents, et surtout cette « Hygiène des deux sexes » et cette « Médecine vulgarisée » qui témoignent de préoccupations érotiques, pseudo-scientifiques et parfois malthusiennes. Mais j'aimerais mieux encore la voir plus développée, aux dépens, au besoin, de cette feuille quotidienne et de cet illustré hebdomadaire qui traînent dans la salle commune.

### Le service militaire obligatoire

Le service militaire obligatoire n'a pas été sans modifier lui aussi l'état mental du campagnard depuis la chute du Second Empire [1]. Il y a appris la discipline, ce qui est excellent, mais il y a cer-

1. Les inconvénients du service militaire obligatoire ont été très sensibles pour les classes rurales principalement. Les armées de Napoléon vidèrent notre région méridionale d'hommes énergiques et actifs. Il y eut ensuite trêve : les services actifs successifs de huit ans (loi du 9 juin 1821), de sept ans (21 mars 1832), de cinq ans (loi du 1er février 1868), autorisant le remplacement et comportant des cas très nombreux d'exemption ne purent avoir grande action sur la mentalité campagnarde. Depuis 1870 surtout, et encore plus depuis les récentes réductions compensées numériquement par une obligation de plus en plus étroite, ses effets se sont fait sentir.

tainement vécu dans un milieu favorable à l'éclosion et au développement de l'aboulie. Il y apprend bien à la vérité à « se débrouiller », mais que veut dire ce mot ? Il signifie, en réalité, tirer son épingle du jeu, c'est-à-dire se dérober autant qu'il est possible à diverses responsabilités justement ou injustement redoutées. De plus, la vie « grégaire » du régiment, malgré le vernis de civilisation apparente dont elle se frotte, exaspère certains instincts restés brutaux chez le jeune paysan : l'appétence sexuelle d'abord, et ensuite l'appétence pour les toxiques [1], instincts dont l'homme ne se débarrasse qu'en améliorant sa mentalité. Parfois aussi, tout en le transformant, elle perpétue et exagère chez lui ce sauvage esprit de caste qui est spécial aux primitifs même contemporains, et qu'on peut regarder chez eux comme une survivance de l'ancestral esprit de

1. La « grossièreté » sexuelle, pour employer une expression imagée, est le fait non seulement du jeune paysan, mais aussi celui du jeune citadin, même dans les classes supérieures. Elle traduit simplement, de même que l'appétence pour divers toxiques (tabac, alcool) qui d'ailleurs coïncide avec elle, l'amour des excitations fortes, de quelque nature qu'elles soient. On méconnaît souvent, et bien à tort selon nous, que ce désir, ce besoin parfois d'excitations violentes peut parfaitement — en dehors de toute tare nerveuse héréditaire ou pathologique — conduire jusqu'à une homosexualité (qui n'est pas plus morbide que celle de certains animaux) transitoire ou à une consommation exagérée de toxiques transitoire aussi. C'est là un phénomène normal et il ne faut pas parler à son sujet de dégénérescence.

clan [1]. Enfin, elle a développé dans les campagnes
une morbidité vénérienne considérable; nous reviendrons plus tard sur ce point particulier.

Le jeune rural subit d'ailleurs (surtout si son
état psychique antérieur l'y prédispose) du fait
même du service militaire, deux secousses qui
peuvent ébranler un cerveau rudimentaire ou
déformé: le passage brusque de la vie rurale à
la vie de caserne, et le passage non moins brusque de la vie de caserne à la vie rurale. La première transition est quelquefois suivie du « mal
du pays », la seconde est quelquefois suivie du
« mal de la ville » qui mériterait d'être décrit
chez certains paysans contemporains : tous deux
sont des crises de neurasthénie aiguë ou subai-
guë. Je crois d'ailleurs le service militaire responsable de la plus grande fréquence de la neurasthénie dans le sexe masculin, bien qu'il n'ait
pas été sans influence sur la mentalité des jeunes
ménages.

1. Cet esprit de clan a trouvé à un moment donné, chez le
jeune ouvrier, son expression la plus significative dans le
« compagnonnage » avec ses initiations, ses mystères, son
étroite solidarité, ses haines entre sociétés rivales, entre les
« devoirs » de corps de métiers. Généralement le compagnon
cessait de l'être, « remerciait » sa société après son tour de
France.

## Le mariage. État mental des femmes

Le mariage, autrefois plus précoce, s'est maintenant trouvé reculé après le service militaire, et il se fait très peu de temps après le retour du jeune soldat. Mais les fiançailles, officielles ou non, ont été presque prématurées, et l'entente cordiale entre futurs époux s'est faite de bonne heure, dans les salles de bal où, la première communion faite, la fillette est conduite chaque dimanche par sa mère. Chose curieuse, l'idolâtrie des parents pour les enfants fait qu'à cette époque [1] la mère s'oppose rarement au choix de la fille et que si une opposition des parents se produit, elle se fait brusquement, au moment où le fiancé revient du service militaire. De quelque côté que vienne alors l'opposition, c'est habituellement une question d'intérêt qui est en jeu. La séparation des deux amoureux s'accomplit alors sans grand fracas et, malgré l'échange de cartes postales illustrées plus ou moins passionnées que firent naguère les fiancés, malgré les quelques privautés accordées au futur époux, tout s'arrange assez bien. Dans la région qui nous occupe ici, ce trau-

---

1. La littérature nous semble avoir exagérément pris au tragique — au moins en ce qui concerne les milieux ruraux — l'antagonisme des parents et des enfants, ainsi que les questions d'instinct sexuel.

matisme moral-là n'est guère cause de neurasthénie: l'amour y est souvent une passion à fleur de
peau, et les serments n'ont guère plus de valeur
que les autres paroles.

Quand l'union — volontaire ou forcée — est un
fait accompli, il arrive fréquemment que les époux
s'appareillent mal [1]. Le mari a pris à la ville un
vernis de civilisation pour lequel sa femme, avide
du nouveau, l'aime d'abord, et qu'elle tâche de
s'assimiler le plus promptement possible, imitant
jusqu'à son langage habituel, s'ingéniant plus
encore que lorsqu'elle était jeune fille à copier
les toilettes des journaux de mode, ou celles qu'im-
portent les bourgeoises et surtout les employées
ou demoiselles de magasin [2] qui passent leurs
vacances au pays natal. Cela marche admirable-
ment quelque temps: mais le mari, repris par ses
travaux obligatoires, est bientôt jugé grossier
pour ses allures physiques [3] de campagnard, qu'il
a vite reprises, et considéré comme indigne d'une
aussi moderne moitié. On le lui fait souvent sentir, et il en souffre doublement: trop civilisé pour
sa condition, lui semble-t-il, il ne l'est cependant
pas assez pour sa femme, peu fière d'être épouse
de sabotier ou de laboureur.

1. Le hasard et l'intérêt (ce dernier plus rarement qu'on ne
le croit) président seuls aux unions.
2. Elles sont les agents les plus actifs de la diffusion du luxe.
3. L'amour est surtout physique chez la jeune paysanne du
Tarn-et-Garonne.

On ne saurait, en effet, s'imaginer à quel degré
d'orgueil en sont venues certaines campagnardes. Malgré l'enseignement et l'éducation souvent
excellents de leurs institutrices religieuses ou laïques auxquelles, à moins de n'avoir pas vu les
choses de près, on n'est pas en droit de reprocher les mêmes défauts qu'aux instituteurs (en
particulier leur dogmatisme étroit et leur enseignement purement verbal), malgré les efforts de
ces vaillantes femmes pour élever pratiquement
leurs élèves, les rurales ne comprennent plus assez la nécessité du travail, de l'humble travail
quotidien. Il en existe maints indices : il m'est
arrivé de ne pouvoir trouver dans tout un canton une seule nourrice mercenaire, et il est arrivé
à une infinité de bourgeois montalbanais de ne
pouvoir se procurer dans une ville de 30.000 habitants, une cuisinière ou une servante [1]. Toutes
les bergères se gardent du loup pour attendre
le « prince Charmant », c'est-à-dire l'ouvrier des
villes quelquefois, mais surtout le facteur, le petit fonctionnaire quelconque, et souvent le sous-
officier, sergent-major ou adjudant, dont la femme
peut avoir actuellement et grâce aux lois récentes les plus belles espérances d'élévation au-
dessus de son niveau social primitif. Et cet espoir
descend jusqu'aux humbles filles, à celles qui

1. Cela malgré un énorme accroissement des salaires. Ils atteignent pour une bonne à tout faire 40 francs par mois.

devenaient autrefois servantes de ferme et d'auberge. La littérature et les mœurs ont, pendant une longue période, divinisé la femme dans les classes supérieures : cet état d'esprit a maintenant gagné les champs, et la paysanne, contrairement au paysan, se croit l'égale de toutes :

1º Par sa naissance : nous avons déjà parlé de l'intensité du préjugé familial parmi les campagnards de la région ;

2º Par son intelligence : ne lit-elle pas journaux et romans ?

3º Par sa beauté plastique. Cette question, moins importante ailleurs, joue un rôle immense dans le Sud-Ouest [1]. Les rurales croient d'ailleurs l'emporter sur les urbaines par une beauté particulièrement *saine* : ceci malheureusement est bien souvent erroné et ne sera bientôt plus qu'un mythe [2].

Aussi la femme est-elle toute prête, si ses vœux ne se réalisent point, à devenir une névrosée. Seulement, elle devient aussi fréquemment, en orgueilleuse qui ne veut point désarmer, hystérique que neurasthénique. Si elle devient neurasthénique, c'est bien plutôt que le sentiment d'une inadaptation réelle, la croyance à une inadaptation fausse qui l'y prédispose. Aussi sa neu-

1. Est-ce un héritage des civilisations méridionales antiques?
2. Surtout quand tous les individus moralement ou physiquement sains auront abandonné la campagne, qui commence à n'être plus peuplée que d'êtres réellement inférieurs.

rasthénie diffère-t-elle de la neurasthénie masculine par certains côtés.


## Résumé. — Action brusque de toutes les causes à retentissement psychique.


En résumé, l'inadaptation, condition naturelle
de l'homme, peut s'exagérer dans certains milieux et à certaines époques et, devenue consciente d'une part, agissant d'autre part sur le psychisme humain par la peur (à laquelle le rural
est particulièrement prédisposé) ainsi que par le
sentiment d'insécurité, par la tristesse et par l'ennui, prédisposer l'homme à la neurasthénie. Elle
agira d'autant mieux dans ce sens qu'elle s'exa-
gérera d'une manière plus rapide et plus brusque, et qu'elle déterminera, à certaines occasions,
de véritables traumatismes moraux. Elle se réa-
lisera enfin toutes les fois qu'il se produira une
évolution non parallèle de l'individu et du milieu : elle pourra même se constituer, au sein d'un
même psychisme individuel, par une évolution
inégale de diverses facultés ou de divers instincts.

Une des meilleures preuves de la genèse de la
neurasthénie par le mécanisme de l'inadaptation
est la preuve historique. Rare chez le rural ga-
ronnais d'autrefois, elle est maintenant devenue

de la fréquence la plus extrême, surtout après 1870 [1]. Or, cette date est celle :

1. Il eût été curieux de dresser un graphique comparatif de la richesse agricole, de la population scolaire, de la diffusion de la presse et du livre, de l'augmentation annuelle des enrôlements militaires et de l'état psychique de la région (névroses et psychoses). Les éléments manquaient pour que nous puissions le dresser scientifiquement : nous y avons renoncé et nous avons dû nous contenter d'exprimer en un court résumé les conclusions tirées de nos recherches personnelles. Nous y ajouterons celles de M. le D$^r$ Labat, dans sa remarquable étude, présentée au Congrès National de l'Alliance d'Hygiène sociale (Agen, 1909). Le D$^r$ Labat a étudié au point de vue économique, social et psychologique le village de Laplume (Lot-et-Garonne), très proche de la région où nous-même avons observé : Voici ces conclusions :

1° Le paysan gascon s'éloigne de plus en plus du travail de la terre. Il s'en éloigne non pas parce que le travail exige un gros effort musculaire — car d'une part l'emploi très répandu des machines a supprimé les besognes les plus pénibles et on voit d'autre part des ouvriers agricoles abandonner la terre pour entrer dans des usines ou des chantiers dont le travail est bien plus dur et d'ailleurs la race est active et vaillante, — mais parce que le travail de la terre exige de la continuité dans le même effort, de la patience, de l'application prolongée à une tâche monotone, solitaire, loin des nouvelles, loin des distractions ; il exige en un mot une grande maîtrise de soi-même.

2° C'est pour la même raison, c'est-à-dire parce *qu'il s'ennuie* en travaillant toute la semaine sur les mêmes sillons, que le paysan recherche les foires et pour y justifier sa présence glisse peu à peu au maquignonnage. La plupart des paysans gascons — peut-être la moitié — font le commerce des bestiaux et un commerce absurde, stérile, où ils perdent leur temps, de l'argent et bien des qualités morales.

3° L'adoucissement des mœurs dû aux progrès de l'hygiène, de l'instruction est incontestable ; il y a moins de violences, moins de batailles, moins de brutalités qu'autrefois. Mais qu'on ne s'y trompe pas, cet adoucissement des mœurs est dû aussi à

1° Du début de l'appauvrissement de la région ;

2° De la diffusion de méthodes d'instruction visant à la rendre intégrale et générale, d'enseigner « tout à tous » ;

l'affaiblissement de l'énergie, à l'affaiblissement des caractères.

4° Le paysan gascon répugne aux travaux et aux entreprises qui demandent de l'initiative, de la suite dans les idées et dans les efforts et qui comportent des aléas. Il est facile de transformer un métayer en maître-valet mais la transformation inverse est rare et difficile.

5° J'ai déjà dit que le petit propriétaire abandonne facilement son champ, sa petite propriété pour devenir facteur, cantonnier, domestique.

Le propriétaire qui est à la tête d'un vrai domaine de 20 ou 30 hectares, fait volontiers de son fils un fonctionnaire ou un employé et devenu vieux, abandonnera son bien dans de mauvaises conditions à un métayer ou à un fermier, diminuant ainsi son revenu et même son capital*.

6° D'une façon générale le paysan gascon n'est pas ambitieux. Avoir une maison et un petit bien tout autour, voilà son rêve. Dès que ce rêve est réalisé il arrête ses efforts et ne cherche pas à augmenter sa situation par des entreprises agricoles qui seraient faciles et tentantes pour des gens énergiques et ambitieux.

7° J'ai montré combien les jeunes enfants sont entourés de soins. On ne néglige rien pour eux, on ne recule devant aucun sacrifice. S'ils sont malades, on met tout en œuvre pour les conserver. Les parents montrent donc de l'énergie dans l'accomplissement de leurs devoirs envers les berceaux. Mais re-

*. La poussée vers les fonctions publiques et d'une façon générale vers les carrières à rémunération fixe est très vive, et on a comparé — avec exagération d'ailleurs — la Gascogne et la Corse. Mais les Corses quittent de maigres forêts ou des rochers stériles, tandis que le paysan de notre pays abandonne des terres fertiles, des terres nourricières, chargées de moissons et de fruits.

3° Du commencement d'une extension énorme et rapide d'une presse qui a, en somme, les mêmes visées ;

4° Du commencement de la diffusion du livre (et surtout du roman) à bon marché, et surtout de « l'imprimé » ;

gardons cela de près ; la nature intervient ici avec toutes les forces instinctives de la maternité et à soigner, couver, dorloter, parer un nouveau-né il y a plus de jouissances à goûter que d'efforts vrais à fournir. La preuve en est que quand il faudra remplir de nouveaux devoirs envers ces mêmes enfants devenus grands, quand il faudra redresser, soutenir, corriger leurs natures morales, faire œuvre d'éducateur — toutes choses qui demandent de l'énergie — les parents lâchent tout. Les enfants sont les maîtres de la maison. Que de fois j'ai entendu des paysans me dire : « Mon fils a 15 ans, il voudrait fumer, je m'y oppose ; il fréquenterait le café, je le lui défends : il voudrait une bicyclette, je n'en veux pas. » Belles paroles et dont je sais ce qu'il faut attendre. L'enfant ira à bicyclette fumer des cigarettes au café.

8° Le paysan gascon est détourné de sa famille nombreuse à cause des dépenses qu'elle entraîne et aussi parce que la pensée du morcellement futur du domaine lui est pénible. Mais il en est détourné encore parce qu'*il sait qu'il n'aura pas* l'énergie nécessaire pour bien élever ses enfants et les maintenir groupés autour de lui dans l'obéissance et l'accord en vue d'une tâche familiale commune \*.

---

\*. Ce point que je ne fais que signaler est fort intéressant et mériterait toute une étude. Le relèvement de l'autorité paternelle et de l'esprit de famille assurerait de sérieux avantages économiques aux familles nombreuses. Le jour où le paysan gascon verrait avec évidence que multiplier les enfants est un moyen de gagner de l'argent et d'assurer à sa vieillesse le repos et le respect, sa mentalité actuelle serait bien près d'être ébranlée. A deux pas de nous, dans les Landes, où la famille reste groupée et fortement constituée, la natalité est satisfaisante.

5° De l'obligation, absolue pour tous, au service militaire personnel. Toute cette transformation de l'état social a été brusque, et trop brusque pour que le campagnard ait pu s'y adapter. Il s'y adapte d'autant plus mal :

1° Que l'extension des voies de communication directes n'a pas suivi un accroissement parallèle dans la région observée ;

2° Que l'école, au lieu de favoriser l'esprit critique, a donné à un nombre beaucoup plus grand d'individus un enseignement dogmatique, parfois arriéré de cent ans [1].

Quant à la dépopulation, phénomène ancien et continu dans sa marche ascendante, qui a débuté dans le premier quart du xix° siècle, elle n'a agi que d'une manière tout à fait indirecte, par l'appauvrissement des campagnes (nous avons expliqué comment, bien que continue, elle y avait contribué brusquement), et par l'idolâtrie de l'enfant unique, cause de déplorable éducation.

## C. — *Absence de remèdes d'ordre psychique.*

Si le paysan souffre de son inadaptation, rien d'ailleurs ne vient plus le consoler de sa souf-

---

1. Il est impossible à tout homme de bonne foi de considérer la philosophie ou la sociologie révolutionnaire soit de 1789, soit de 1848, comme adaptées à l'état intellectuel et social contemporains.

france. Il ne faut pas s'exagérer, assurément, la
valeur des consolations religieuses chez le campagnard des communes où nous avons observé,
même aux époques antérieures à la nôtre. Sa foi
fut toujours tout à fait inconsciente, et ses manifestations pieuses se bornèrent de tout temps à
un culte propitiatoire assez fétichiste. Il est certain néanmoins que pour certaines âmes plus
compréhensives le spectacle de la Croix, partout
diffusé par le catholicisme, peut encore, quoique
incomplètement, panser les plaies morales et,
relevant l'homme à ses propres yeux, lui redonner le courage de vivre [1]. Par malheur, le rural
de certaines régions du Sud-Ouest n'est souvent
pas encore converti au christianisme, et ce n'est
pas maintenant qu'on l'aidera à s'y convertir.
C'est un mal : Le mysticisme fut toujours un
remède à l'inadaptation humaine, condition de
progrès. Exagéré, il a si bien calmé les souffrances de cette inadaptation que le progrès s'en
trouve parfois enrayé [2]. Certaines civilisations,

1. Le supplice du divin Juste, supplice horrible infligé à un
innocent, a mis à la douleur une marque divine, l'a rehaussée
aux yeux de l'homme qui souffre, et a pu lui donner un certain
orgueil, source d'activité volontaire. Il y a une résignation
active ; on l'oublie souvent.
2. Le fait est historiquement bien prouvé, mais il ne faut pas
parler de l'obscurantisme des religions, tendance méchante
d'individus dominateurs. La réalité est moins machiavélique.
Si le dogme satisfait à tout, l'esprit est content et ne va pas
chercher plus loin.

éprises de vie intérieure, tinrent la balance égale entre le mysticisme et la science, et parfois les confondirent en un seul faisceau : elles donnèrent au monde le plus beau spectacle qu'il ait jamais regardé. Nous ne sommes pas près de donner ce spectacle-là ; notre civilisation est encore avant tout matérielle, et si une lueur nouvelle semble apparaître aujourd'hui, il faudra beaucoup de temps encore pour que, descendue jusqu'aux âmes paysannes les moins mystiques, elle vienne leur donner la paix intérieure, l'espoir, et surtout la joie de vivre.

## II

### CAUSES PHYSIQUES

Nous venons d'examiner ici des causes d'ordre général, qui ont un double effet : celui de prédisposer à la neurasthénie l'ensemble d'une population — à ce point de vue leur exposé aurait pu paraître ne pas mériter une aussi longue extension — et celui de donner à cette neurasthénie rurale et locale contemporaine une physionomie toute particulière : à ce second point de vue notre étude est peut-être trop courte et encore bien insuffisante : le lecteur en jugera au chapitre de la Séméiologie.

En tous cas, il est indispensable que no    par-

lions maintenant des causes efficientes de la neurasthénie, de celles qui ne la conditionnent pas,
mais qui font que tel sujet, placé dans le même
milieu que tel autre, sera atteint de la névrose
préférablement à lui. Ces causes n'ont évidemment dans leur ensemble, rien de spécial à la
campagne ; certaines, cependant, sont un peu spéciales à la région observée ; ce sont :

1° *La consanguinité ancienne de nombreuses familles*. — Nous l'avons déjà signalée et nous n'y
reviendrons pas : il serait banal de dire et de répéter qu'elle peut prédisposer aux névroses. Est-
ce vrai pour celle qui nous occupe ? Nous ne voyons
pas pourquoi il y aurait exception [1].

2° *L'insuffisance alimentaire*. — Cette cause
nous paraît être de la plus grande importance ;
nous avons déjà comparé en commençant ce chapitre l'alimentation ancienne et l'alimentation
moderne, réellement insuffisante, surtout chez les
familles non pas les plus pauvres, mais chez celles qui, pour des raisons d'orgueil familial, tiennent malgré la diminution de leurs ressources à
conserver et à augmenter même leur luxe extérieur (voitures, chevaux et vêtements surtout).
Ces familles sont, moralement, les plus éprouvées ;
elles le sont aussi physiquement par l'hypoalimen-

---

1. Mais parmi nos neurasthéniques légitimes, je n'ai trouvé
que trois dégénérés suffisamment nets. La dégénérescence est
génératrice d'autres névroses, la plupart du temps.

tation et c'est chez elles que l'on rencontre le maximum d'individus névrosés. L'insuffisante réparation des forces affaiblit d'une manière directe le pouvoir conducteur du système nerveux, et il est fort logique d'admettre que sa partie la plus haute et la moins différenciée en souffre la première : il y a là création directe de la névrose. Les troubles digestifs ne paraissent d'ailleurs être cause directe de neurasthénie que par le mécanisme d'insuffisance de la nutrition nerveuse : comme eux-mêmes peuvent être la conséquence d'une alimentation insuffisante, mal assimilée parce qu'insuffisante, ils peuvent agir encore secondairement cette fois, dans le même sens. Je ne puis malheureusement donner des statistiques en poids et en calories de la ration alimentaire quotidienne du paysan des communes étudiées, mais il m'aurait été loisible de multiplier à maints \exemplaires l'observation suivante qu'on pourra, si l'on veut, prendre comme type :

Famille de trois personnes (le père, la mère, un fils de 18 ans):

Pain (par semaine): 10 kg. 500 à 12 kg. 500.

Vin (par semaine) 21 litres.

Viande: un porc par an. Tous les dimanches, 1 kilogramme de bœuf (en hiver), de veau (en été) pour le bouillon et bouilli.

Œufs: une douzaine par semaine.

Pâtes alimentaires: 500 grammes par semaine (vermicelle ou macaroni).

Pommes de terre : quantité difficile à fixer. On met les pommes de terre dans la soupe, ou on les mange frites. Mais la quantité est peu importante étant donné leur usage peu étendu (pas de purée, pas de pommes sous la cendre ou en robe de chambre).

Haricots, fèves : employés presque exclusivement en potages.

Potages (ce qui fixera en somme sur la quantité des pommes de terre haricots et fèves) : deux fois par jour une assiette de 400 grammes par personne, à chaque repas, de potage épais.

Herbes diverses et salades, ail, oignon, etc. : forte quantité avec addition de sel ou de vinaigre, mais très peu d'huile.

Il est impossible de regarder cette alimentation comme suffisante pour des travailleurs agricoles ; il n'est pas niable que la quantité d'azote y est faible ; c'est en somme un régime à peu près végétarien dont le laitage sous toutes ses formes serait absent, et où l'absorption de tous les condiments serait exagérée. La part des fruits serait également réduite : le paysan méprise absolument le fruit, quel qu'il soit. Que nous voilà loin du lait, des fromages de chèvre, des fruits et du miel, et même des tendres agneaux ou des dos de bœuf des eurythmiques Hellènes !

Cette insuffisance de l'alimentation ordinaire ne peut être appelée sobriété et bien qu'il soit indéniable que les populations méridionales ont

une tendance à moins s'alimenter, il est certain
que cette raison ne peut suffire à l'expliquer,
d'autant plus que les « vieux » sont souvent
plus exigeants sur la quantité de nourriture
que les « jeunes ». La sobriété originaire de la
race ne peut expliquer qu'une chose : la tendance
qu'elle a en cas de détresse économique, à faire
porter sur la nourriture la première des priva-
tions.

J'ajouterai, enfin, que chez les neurasthéniques
dont j'ai recueilli l'observation, j'ai noté l'insuffisance de l'alimentation ordinaire dans plus des
deux tiers des cas : dans 140 cas sur 200 environ. L'hypoalimentation me paraît avoir la valeur
d'une véritable cause efficiente dans un certain
nombre d'entre eux, combinée ou non avec d'autres causes adjuvantes d'égale ou de moindre importance.

En dehors de ces causes particulières à la région, il en est dont l'action se fait sentir partout
avec une plus ou moins grande intensité: ce sont
les causes pathologiques proprement dites, toxiques ou infectieuses.

Mais avant d'entrer dans le détail, il est indispensable que nous répétions très nettement : ces
causes *seules* ne peuvent être créatrices de neurasthénie; il faut qu'il s'y joigne pour *former* la névrose, une ou plusieurs conditions psychiques; ces
conditions viennent d'être étudiées ici. Notre opinion à ce sujet est également distante de celle de

Levillain[1] qui regarde comme cause efficiente l'état psychique, comme cause occasionnelle l'intoxication ou l'infection, et de celle de Page[2] qui regarde l'intoxication comme cause unique de la neurasthénie. Il écrit : « Quel est l'être humain qui n'a pas plus ou moins souffert dans la sphère des facultés affectives? Seulement ce n'est pas une raison suffisante pour devenir neurasthénique, sans quoi nous le serions tous. » Malheureusement pour cette hypothèse trop absolue, point n'est besoin d'être dialecticien consommé pour répondre aussitôt : « Quel est l'être humain qui n'a pas plus ou moins souffert dans la sphère organique soit d'infection, soit d'intoxication? mais la raison n'est pas suffisante pour devenir neurasthénique, sans quoi nous le serions tous. » Il dit encore : « A cause psychique, correspond une maladie psychique : le chagrin, la peur par exemple, entraîneront l'hystérie ou la sinistrose : seule une ou des causes physiques peuvent créer une maladie à symptômes objectifs et physiques comme la neurasthénie. » Pourquoi cette proposition : à maladie physique, cause physique? Existerait-il donc des maladies sans cause physique, des affections à proprement parler *sine materia* ? Les admettre ce serait s'interdire toute recherche nouvelle, toute hypothèse féconde en matière de maladies

---

1. Levillain, *loc. cit.*
2. *La toxémie neurasthénique.* Paris, 1910.

mentales, abdiquer tout esprit scientifique. Et ce
serait surtout oublier que les symptômes psychiques de la neurasthénie, pour tout subjectifs qu'ils
soient, ne sont que la traduction d'un mauvais état
(physique évidemment) des conducteurs nerveux.

Seulement pourquoi l'intoxication jouera-t-elle,
en cas d'inadaptation psychique (nous avons dit ce
que nous pensions de ce mot) le rôle de « créatrice » de neurasthénie ? Précisément parce que
cette inadaptation créera dans l'appareil de transmission des volitions (qui est justement l'appareil d'adaptation à la réalité) un véritable
*locus minoris resistentiæ*, ouvert aux toxines.
Comment l'inadaptation peut-elle diminuer la faculté de résistance d'une cellule nerveuse et de
ses prolongements? On ne peut concevoir d'autre
mécanisme que celui de l'arrêt brusque d'un courant efférent, revenant sur lui-même, ébranlé
de plus par le choc en ondes réfléchies, fatiguant
le conducteur qui le porte, et qui est lui-même
un organe essentiellement vulnérable, parce que
nouvellement créé, parce que faisant partie de la
portion du cerveau humain la plus récente et la
plus indéterminée, partant la plus débile. C'est
là le point faible, le lieu d'élection pour les intoxications qui viendront, elles, léser définitivement parfois ce conducteur, créant l'aboulie,
puis, par remous, *l'hypercénesthésie* et la *phrontidophilie.*

Cette hypothèse concilie deux opinions qui

6

d'ailleurs ne sont nullement contradictoires :
celle de la toxémie et celle des causes psychiques. Si c'était là son unique mérite, il serait
mince : mais elle paraît cadrer avec les faits, avec
l'étiologie et surtout avec la séméiologie de la
neurasthénie, où nous verrons ce qu'il faut penser de l'obsession et du rôle générateur qu'on a
voulu lui donner.

Quoi qu'il en soit, revenons après ces explications nécessaires à notre étude particulière.

Après l'insuffisance alimentaire (que nous avons
rangée parmi les causes spéciales à la région) qui
agit par l'intermédiaire de l'intoxication, voyons
maintenant quelles sont les causes toxiques générales que nous avons pu noter dans notre observation.

1° *Intoxications parasitaires spécifiques.* —
Parmi elles : notons toutes les maladies parasitaires, agissant par des toxines végétales ou animales et en première ligne la grippe qui dans
25 cas nous a paru avoir préexisté nettement à
l'éclosion de la neurasthénie chez des sujets prédisposés par leur état social et les traumatismes
moraux dont ils avaient été victimes. La grippe,
parmi toutes les maladies infectieuses, mérite
surtout, avec le paludisme qu'elle simule parfois,
le nom de toxémie : le paludisme agit comme elle
et le seul paludique (d'ailleurs guéri) que nous
avons observé quelques années après son retour
d'Afrique, était neurasthénique.

La fièvre typhoïde ne nous a paru avoir aucun rôle générateur particulier, un de nos neurasthéniques l'avait eue à vingt et un ans, mais était devenu névrosé à quarante.

Nous n'avons absolument rien à dire des maladies de l'enfance, absolument générales dans le pays et dont la fréquence comparative n'est pas plus remarquable chez les névrosés que chez les bien portants, même quand il s'agit de neurasthénie infantile.

La blennorrhagie est l'apanage à peu près obligatoire de tous ceux qui ont accompli leur service militaire : je n'en dirai donc rien. Mais je n'en ferai pas de même pour la syphilis dont j'ai noté précédemment l'extrême fréquence et qui, sans qu'il soit possible de la lier à la neurasthénie par un lien étroit [1], paraît devoir jouer un important rôle étiologique.

Une coïncidence seule a-t-elle voulu que l'hérédo-syphilis fût notée dans les antécédents de deux observations de neurasthénie infantile dont je donnerai ici le résumé ? Je ne le crois pas.

La neurasthénie n'est pas interdite aux tuberculeux : j'ai vu un jeune homme de douze ans atteint de phtisie fibreuse et nettement neurasthénique. Mais je n'ai pas noté dans mes autres observations de tuberculose en *activité* bien évi-

---

1. Chez mes neurasthéniques hommes j'ai noté 18 % de syphilitiques certains.

dente. Peut-être l'hérédo-tuberculose (que je crois cependant rare), jouait-elle un rôle dans trois ou quatre cas observés ? Je n'oserais l'affirmer.

2° *Intoxications parasitaires locales.* — L'infection chronique de l'intestin, chez les constipés, peut-elle être une cause efficiente dans certains cas ? Cela est infiniment probable, 50 °/₀ de mes neurasthéniques étaient, à divers degrés, des constipés. Mais tous ces constipés étaient en même temps d'*insuffisants alimentés,* souffrant de divers troubles dyspeptiques : si bien que l'état gastrique, l'état intestinal et l'état de la nutrition générale laissaient à la fois à désirer.

Les infections chroniques atténuées et latentes du foie étaient évidentes aussi chez une vingtaine de mes sujets, qui étaient de véritables atrabilaires aux humeurs noires. Mais tous souffraient aussi de leur état gastrique et de leur insuffisante alimentation encouragée elle-même par cet état. L'opinion qui donne un rôle étiologique aux troubles biliaires de la névrose nous paraît n'avoir absolument aucune espèce de hardiesse, et nous avons pu vérifier à la campagne la justesse des conclusions de Gilbert et Lereboullet [1]. « Un foie désarmé; un cerveau désarmé : deux conditions de choix pour la neurasthénie. »

Les autres infections chroniques, pulmonaires

1. Gilbert et Lereboullet Soc. Méd. des Hôp., 21 juillet 1903.

(des catarrheux) ou nasales peuvent coïncider avec la neurasthénie, mais dans les quelques cas où nous les avons notées la névrose paraît les avoir précédées.

Quant aux lésions infectieuses du cœur ou des reins, causes immédiates des toxémies chroniques, nous les avons recherchées avec soin chez de nombreux neurasthéniques. Pour le cœur, en dehors des palpitations nerveuses, nous n'avons rien noté de spécial, mais pour les reins, la recherche de l'albumine ne nous ayant jamais donné de résultats positifs, nous avons eu dans deux cas où notre analyse sommaire ne nous donnait rien, et où aucun symptôme physique ne permettait de conclure à l'insuffisance rénale, la surprise de voir la neurasthénie céder à l'administration d'une trentaine de cachets de théobromine. Il s'agissait d'un homme de trente-cinq ans (qui avait fait quelques excès de vin) et d'une femme de quarante ans. Nous reviendrons sur ce sujet au chapitre du traitement.

Les infections vésicales, prostatiques ne sont notées dans aucune de nos observations.

Les infections utérines ne paraissent pas jouer un rôle pathogénique prépondérant, bien qu'elles soient fréquentes chez les femmes neurasthéniques. Fait à noter : il semble — sans que la raison en soit facile à imaginer — qu'elles n'aient d'importance que si elles sont accompagnées de *déviations* utérines. Et les déviations utérines sont

fréquentes chez les rurales : on peut les estimer
au 1/10ᵉ environ de la population féminine.

3ᵒ *Les auto-intoxications.* — Les auto-intoxications proprement dites, consécutives à des affections, à des diathèses dont la pathogénie n'est
pas encore élucidée (uricémie, arthritisme, herpé-
tisme, diabète, goutte et même rhumatisme) sont
rares chez les paysans névrosés. Nous nous refu-
sons d'ailleurs, et cela d'une manière absolue, à
poser tout diagnostic vague et imprécis: c'est le
cas pour l'arthritisme, singulière prédisposition
organique, demi-maladie étrange dont la science
médicale contemporaine ignore, en somme, à peu
près tout. La théorie du « ralentissement de la
nutrition» a fait son temps: il n'en demeure rien
actuellement, et la diathèse-protée voit d'ailleurs
son champ se restreindre. Le rhumatisme tuberculeux lui a déjà enlevé une bonne part de son
autonomie: les temps de la dissociation semblent
être proches. Chose curieuse : au sens général
que l'on donne encore à ce mot, l'arthritisme
n'aurait plus rien à voir, d'après notre observation personnelle, avec son étiologie classique :
sédentarité, intellectualisme relatif, hyperalimen-
tation surtout carnée, et même intoxication alcoolique : car tel qu'on le conçoit, il se manifeste à
la campagne avec une extrême fréquence par
l'obésité, par l'artério-sclérose, par l'eczéma, par
le rhumatisme chronique, par le diabète et surtout la *goutte* chez des sujets peu intellectuels,

travaillant au grand air, mangeant peu ou trop peu, et non alcooliques !

Chez nos neurasthéniques âgés (46, 48 ans, 53 ans, etc.), j'ai noté, en effet, trois goutteux chez qui la première attaque de névrose paraît avoir coïncidé singulièrement avec la première attaque de goutte. Le fait mérite d'être signalé : c'est le seul fait précis que je puisse donner ici concernant les rapports de l'arthritisme(?) avec la neurasthénie.

Je n'ai pas de diabétiques même légers, dans mes observations personnelles.

Les intoxications d'origine glandulaire sont beaucoup plus intéressantes à étudier : peut-être seront-elles bientôt les vraies dissociatrices du multiforme arthritisme. Par malheur, leur séméiologie manque encore de précision. Léopold Lévi et de Rothschild [1] ont cependant décrit d'une manière remarquable les troubles de l'hyper et de l'hypothyroïdie : nombre d'auteurs marchent dans cette voie. Hyperépinéphrie devient maintenant synonyme d'hypertension artérielle [2]. L'épreuve du traitement vient vérifier cette manière de voir, et l'on améliore et même guérit des neurasthéniques par diverses opothérapies, y compris par les injections de l'antitoxine de Maurice Page, qui est un extrait éthéré de cervelles desséchées de porcs ou de moutons. Nous n'avons

---

1. Ils ont même décrit une neurasthénie thyroïdienne.
2. Il y a, précisément, des neurasthéniques à hypertension. (Cf. Maurice de Fleury.)

aucune expérience de cette dernière méthode,
mais les bons résultats (guérison *parallèle* par
le traitement thyroïdien de la neurasthénie et de
l'obésité) obtenus par d'autres méthodes sont ve-
nus confirmer chez nous cette idée qu'il n'était
point impossible qu'entre autres causes toxiques,
la viciation de certaines sécrétions internes vienne
agir comme productrice de neurasthénie chez
des sujets dont le psychisme est, localement, en
état de moindre résistance.

Nous ne croyons pas cependant que la forme
de l'intoxication puisse agir d'une manière complète pour conditionner la neurasthénie : les causes psychiques seules peuvent, réellement, avoir
cet effet. C'est ainsi que bien que nous décrivions
à part, comme formes de la neurasthénie, diverses névroses toxiques telles que les neurasthénies
de la puberté et de la ménopause, nos observations ne nous donnent pas le droit de différencier
séméiologiquement des autres ces affections où les
sécrétions internes testiculaires ou ovariennes
exagérées ou supprimées paraissent jouer un rôle
prépondérant. Il ne semble pas qu'elles diffèrent
*en leur essence*, au point de vue psychique, de
celles causées par le surmenage ou l'auto-intoxication d'origine gastrique.

Le surmenage, puisque ce mot vient maintenant
sous notre plume, a-t-il une importance prépondérante dans l'étiologie de la neurasthénie? Nous
répondrons sans hésiter, avec beaucoup d'auteurs,

que nous ne croyons nullement au surmenage scolaire d'abord. Ensuite, chez l'adulte, le surmenage
n'est, à la campagne, que passager, mais il peut à
ce moment être extrême. Or, il survient précisément en été, au moment où le rural s'alimente
mal, faisant alterner l'alimentation ordinaire, souvent insuffisante, avec les grandes ripailles obligatoires de la moisson et du battage du blé [1]. Aussi
avons-nous trouvé ce surmenage spécial, aidé par
des traumatismes moraux divers, à l'origine immédiate de 30 % environ de nos cas de neurasthénie
chez l'homme.

Il est enfin une cause de neurasthénie que l'on
ne sait, en somme, comment classer : il s'agit de
la névrose ptosique. Elle existe pourtant — j'en
ai vu bien des cas, — chez l'homme comme chez
la femme. Certains hommes *naissent* avec une
paroi abdominale singulièrement faible. S'ils ne
sont pas hernieux congénitaux, ils le deviennent
tôt ou tard et, bien entendu, le restent toujours.
Pourquoi un bon tiers au moins de ces hernieux
est-il neurasthénique ? De même certaines femmes
*naissent* aussi avec une prédisposition à la ptose,
deviennent ptosiques à la première grossesse, puis
neurasthéniques dans la même proportion. Pour-

1. L'habitude qu'ont les paysans de s'entr'aider, à un certain
nombre, pour le battage des grains à la machine, de se prêter
et de se rendre des journées rend ces ripailles collectives à
peu près hebdomadaires pendant deux mois au moins (août
et septembre).

quoi? Nous nous rallierons volontiers sur ce point aux idées de M. Page : auto-intoxication intestinale ou utérine (quelquefois les deux) des ptosiques [1].

4° *Intoxications non parasitaires.* — L'alcoolisme et le tabagisme, exogènes, ont-ils enfin quelque influence neurasthénigène? Dans la région observée, nous répondons hardiment: Pour le tabagisme, absolument pas. Pour l'alcoolisme, il est, tellement modéré que la chose est douteuse. Sans doute un peu de « vinisme » existe, mais n'agirait-il pas par l'intermédiaire de troubles digestifs ou hépatiques ?

\*  
\* \*

Nous n'insisterons pas davantage sur des faits d'ordre aussi secondaire, pour le pays qui nous occupe tout au moins. Et avant de terminer ce chapitre, nous le résumerons ainsi :

1° *La neurasthénie extrémement fréquente dans une région qui ne présente cependant point de particularités ethniques ou pathologiques a toujours et partout comme cause prédisposante l'exagération de l'inadaptation humaine.*

2° *Or, précisément la région en question a passé très rapidement de la prospérité à la décadence*

---

1. Les femmes ptosiques, sont d'ailleurs généralement des déviées utérines.

*économique, et ses habitants ont subi, de ce chef, un trauma moral, dont l'action a été exagérée encore par l'éducation — viciée dans un pays dépeuplé — par l'école, par la presse ou le livre, par le service militaire ; toutes ces causes ont d'ailleurs agi brusquement (à dater de 1870 seulement) et d'autant plus intensément qu'elles n'étaient compensées, dans une civilisation purement matérielle, par aucun contrepoids psychique.*

*3° Tous les habitants ont donc souffert : aussi — et c'est ce qui explique l'extrême fréquence de la névrose — les intoxications exogènes ou endogènes ont trouvé, chez eux, un* locus minoris resistentiæ *encéphalique bien localisé. Parmi ces intoxications de diverses origines, la syphilis, la grippe, l'infection biliaire, rénale et surtout gastrique, la goutte, la déviation utérine et la ptose abdominale, ainsi que le surmenage ont joué un rôle particulièrement actif, mais l'insuffisance alimentaire tient certainement la première place.*

# CHAPITRE II

## Signes de la neurasthénie rurale

### I. — Les premiers symptômes

*Fréquence de l'insomnie et du réveil anxieux.* — Quand un campagnard neurasthénique se décide à aller consulter le médecin c'est que, généralement, il ressent un symptôme souvent très douloureux qui l'inquiète vivement. Et c'est le plus souvent après une période de fatigue pendant laquelle les forces organiques n'ont point été réparées par une alimentation suffisante que les névrosés se rendent au cabinet du praticien. Ils se plaignent avant tout d'insomnie — d'une insomnie généralement accompagnée d'anxiété imprécise, à laquelle leur esprit cherche souvent une cause qu'ils ne trouvent pas. Dans les cas les plus avancés, cette cause finit par se déterminer psychologiquement; il s'agit rarement d'une cause physique (croyance à une maladie) mais plutôt d'un phénomène psychique (peur d'une responsabilité quelconque).

Parfois — ceci est plus rare — il ne s'agit pas d'une véritable insomnie, mais d'un réveil anxieux, le plus souvent brusque et presque toujours — fait curieux — entre 1 h. 1/2 et 2 h. 1,2 du matin. A noter que l'insomnie cède toujours (d'après toutes mes observations personnelles) à l'administration du véronal, et que ce médicament pris au coucher, exerce également son influence sur le réveil anxieux.

*Moindre fréquence de la céphalée.* — Les malades se plaignent — mais avec moins de constance — de céphalée. Cette céphalée existe le matin chez les insomniques, et se dissipe ensuite : chez ceux qui dorment, elle n'est généralement provoquée que par la fatigue soit physique, soit psychique. Il s'agit réellement d'une céphalée gravative qui, la plupart du temps, affecte justement la forme de céphalée en casque de Charcot. Beaucoup de ruraux l'appellent « névralgie », ce mot ayant été diffusé par les médecins et surtout par les pharmaciens. Ce diagnostic trop rudimentaire demande donc à être contrôlé.

La simple « lourdeur de tête », les vertiges surtout (vertiges précédant toujours de peu l'heure des repas) sont moins fréquents.

La rachialgie, la plaque sacrée sont tellement exceptionnels que je ne les signale (chez l'homme) que pour mémoire.

*Importance des troubles digestifs hypersthéniques.* — Les troubles digestifs sont presque cons-

tants. Il est souvent extrêmement difficile de faire
le départ entre les troubles provoqués par l'insuffisance ou la mauvaise qualité de l'alimentation,
accompagnée ou non d'absorption exagérée de
vin, et ceux réellement dus à la névrose. Disons
seulement que, très souvent, il s'agit de dyspepsie
hypersthénique avec spasme pylorique quelquefois douloureux et distension gastrique nettement
révélée par les recherches méthodiques du cla-
potage et de la percussion. Ce phénomène d'ectasie spasmodique secondaire, depuis longtemps
signalé par Bouveret, a réellement mérité de devenir classique et nous l'avons constaté neuf fois
sur dix chez les neurasthéniques qui se plaignent
de leur estomac; et ils sont légion (80 %).

Les paysans se plaignent à leur première consultation beaucoup plus de leur insomnie et de
leurs troubles digestifs que de leur asthénie musculaire proprement dite : ils disent plutôt n'avoir
plus goût au travail, ce qui est essentiellement
différent. Nous analyserons d'ailleurs plus loin ce
symptôme.

Existe-t-il chez eux aussi des troubles objectivement appréciables, telles que des modifications
thermiques ou bien des altérations du chimisme
urinaire? Elles existent, ce qui est absolument
logique, et ont été signalées par une infinité
d'auteurs chez les neurasthéniques de tout ordre
et de toute origine. Nous n'en donnerons pas la
nombreuse bibliographie, ce qui sortirait complè-

tement du cadre de ce travail. Nous ne donnerons pas davantage les chiffres de quelques analyses d'urine, d'ailleurs scientifiquement insuffisantes, pratiquées chez divers sujets ; la possibilité, le temps et les chimistes nous ont toujours manqué à la campagne pour entreprendre cette si intéressante étude. De même, au point de vue thermométrique, nous ne pouvons ni confirmer ni infirmer les résultats obtenus par Lubeszki ; cet auteur avait constaté chez les neurasthéniques, au moment de la crise de céphalée, une élévation de température des parois craniennes.

## II. — Les signes psychiques.

Sur l'état mental, nous sommes infiniment mieux renseignés, la vie quotidienne dans un milieu pour un tiers névrosé nous ayant permis une observation en quelque sorte permanente. Cet état mental existe non seulement chez les individus qui souffrent et s'adressent au médecin, mais encore chez d'autres qui, dormant à peu près convenablement et ne se plaignant d'aucune douleur physique, ne se considèrent pas comme anormaux (ils se trouvent seulement un peu « nerveux ») et qui, étant donné l'ambiance, regardent les sujets équilibrés comme pervertis, insensibles, indifférents et même cruels.

## A. — *Aboulie souvent consciente avec sensation d'obstacle.*

L'aboulie est la plupart du temps le premier en date des symptômes mentaux de la neurasthénie. Ce symptôme frappe d'autant plus le médecin, et surtout celui qui n'est pas encore habitué au milieu rural, qu'il vient se greffer sur la nonchalance (non pas indifférence, comme on l'a souvent dit, mais lenteur d'action) propre au primitif et particulièrement au paysan. La névrose se signale d'abord par la transformation de cette « lenteur d'action » en « retard apporté à l'action ». Il m'est arrivé, en constatant que dans certain petit domaine rural les semailles se faisaient à une époque exagérément tardive, de m'informer du nom du cultivateur si retardataire : c'était un de mes malades, légitime neurasthénique. Je me renseignai depuis sur la manière dont un certain nombre de névrosés non abouliques caractérisés géraient leurs affaires : partout j'observai la même impossibilité à accomplir de suite les actes même indispensables [1]. Il

---

1. Dans le livre si finement étudié de Jules Renard, qui a observé de près une famille de son pays natal, la Nièvre, ce littérateur a noté très exactement la « lenteur d'action » rurale. Je cite: « le toit s'éboulera si l'on ne change la grosse poutre

semble bien que cette « remise à plus tard » de
l'acte soit le premier degré de l'aboulie.

L'impossibilité d'accomplir l'acte constitue
l'aboulie. Elle affecte des modalités très diverses
et, quand elle est définitivement enracinée chez
un sujet, elle entraîne à sa suite des conséquences fort ennuyeuses pour l'homme en particulier, qui déchoit de sa place familiale et que les
siens tiennent pour ainsi dire en tutelle. Très fréquemment dans nos ménages campagnards, la
femme exerce le plus absolu des gouvernements.
Et si elle-même est neurasthénique, on assiste au
spectacle singulier du gouvernement d'une maison et de ses terres par des voisins (de l'opinion
desquels on tient un compte exagéré), par des
parents (éloignés : les proches sont souvent pour
les névropathes de vrais persécuteurs dont on
s'isole) ou même par les enfants. J'ai vu un garçon
de quatorze ans administrer ainsi, certainement
beaucoup mieux que ses parents n'auraient pu
le faire, une importante métairie. Son père et sa
mère, très irritables, le bousculaient quelquefois
s'exagérant les manques insignifiants dans les
signes verbaux du respect filial — mais lui obéis-

du milieu. — Il n'y a plus à reculer, se dit Philippe. Il achète
une poutre et la charroie devant sa maison et c'est tout ce
qu'il peut faire pour le moment. Il la mettra sur le toit, plus
tard, quand il aura de quoi payer une couverture de paille. La
poutre reste par terre, à la pluie, au soleil, dans l'herbe. »
Philippe n'est pas neurasthénique. Ici l'acte est *commencé*.
(J. Renard. *Les Philippe*. Ed. Pelletan. Paris, 1907.)

saient toujours. Cette manière d'agir peut être
qualifiée simplement « faiblesse » par les psy-
chologues extra-médicaux ; nous l'avons vu souvent atteindre à nos yeux un degré tellement
surprenant, et s'accompagner de telles déforma-
tions mentales, que le diagnostic de neurasthénie
nous a paru de lui-même se poser.

L'aboulie se manifeste dans la vie sociale autant et plus que dans la famille. Le neurasthénique sans volonté est directement influencé par le
dernier qui lui parle. Au point de vue de la pratique médicale nous nous en sommes rendu
compte souvent, et fort désagréablement. Au
point de vue politique le phénomène est particulièrement sensible. Il n'existe, en somme, pas de
véritables partis : le paysan choisit son candidat
suivant sa tradition familiale ou ce qu'il croit
être son intérêt immédiat, s'il est normal, ou
bien, s'il est neurasthénique, suivant l'opinion
qui lui aura été suggérée par la dernière personne en date qui lui aura parlé avant le scrutin.
Et encore la personnalité de celui qui préside le
bureau électoral lui fera-t-elle peut-être, au dernier moment, faire une substitution de bulletins !
Aussi, dans les régions où sévit la névrose, le parti
au pouvoir a-t-il des chances d'y rester fort longtemps, à moins que des adversaires bien organisés
n'arrivent, en prenant à part un grand nombre
d'électeurs à la porte même de la salle du vote, à
influencer au dernier moment leur débile volonté.

Arrivée à son degré extrême, l'aboulie s'accompagne d'une sensation fort pénible : la sensation presque matérielle d'obstacle. Beaucoup de ruraux intelligents (ils le sont d'ailleurs en majorité dans la région dont je parle) se rendent parfaitement compte que quelque chose qu'ils ne peuvent pas préciser les empêche d'agir. Il advient même que certains malades n'arrivent à la connaissance de leur propre aboulie que par l'intermédiaire de cette sensation accompagnée, dès le début de leur névrose, d'une douloureuse anxiété. J'ai enregistré l'expression suivante d'un de mes malades, et je la donne textuellement : « Je ne peux pas faire ce que je voudrais, et cela me fait mal au cœur de ne pas pouvoir même vouloir tout à fait. »

*Formes évolutives de l'aboulie.* — En résumé, l'aboulie, qu'il faut distinguer dans son degré inférieur de la nonchalance propre au campagnard, reconnaît trois formes :

1° La tendance à retarder indéfiniment l'acte ;

2° L'impossibilité d'accomplir l'acte ;

3° La passivité ou aboulie extrême.

Ces formes peuvent s'établir, l'une ou l'autre, d'emblée, mais il est plus ordinaire, chez l'homme surtout, de les voir chez le même sujet se succéder dans l'ordre ci-dessus, et n'être que des étapes dans l'évolution progressive du même symptôme.

## B. — *La Peur. Phénomène complexe.*
### *Ses quatre éléments.*

La diminution de la volonté est, avons-nous dit, le phénomène mental presque toujours le premier en date et quelquefois le plus accusé en intensité. Mais il ne tarde pas, surtout dans le cas où il y a eu vraie « sensation d'obstacle », à s'accompagner d'une peur permanente véritable qui vient remplacer cette sensation ou se superpose à elle: on peut observer l'une ou l'autre de ces modalités. Il faut de toute nécessité que nous posions ici une ligne de démarcation bien nette entre l'angoisse et la peur. En fait, l'angoisse n'est qu'un des constituants de la peur : elle n'en est que le phénomène physique et se caractérise, comme chacun sait, par une sensation de constriction à la gorge (angor) ainsi que par une accélération du rythme et une augmentation de l'amplitude de la pulsation cardiaque. La peur, phénomène complexe, est au contraire composée à la fois d'angoisse (phénomène physique proprement dit) cause elle-même de souffrance (phénomène affectif) tendant à s'expliquer par une ou plusieurs idées (phénomène intellectuel) et à s'extérioriser par un effort de défense plus ou moins complet en tant qu'acte et plus ou moins conscient (phénomène centrifuge ou actif). Elle peut éclore brusquement — c'est alors la peur banale — et cesser vite, ou bien s'installer d'une manière lente pour ne plus disparaître de longtemps. On la nomme, dans le second cas, crainte ou même anxiété (ce qui peut prêter à confusion). Mais le mot anxiété désignant simplement un état permanent d'angoisse, est incomplet, et le mot crainte nous paraît appeler trop nettement un complément direct : on craint quelque chose. Au contraire, il est courant de dire, sans complément : « J'ai peur. » Nous emploierons donc systématiquement ce dernier terme, à la fois si exact et si compréhensif.

La peur est, sous toutes ses formes, un des symptômes les plus essentiels de la neurasthénie du rural. De même que chez lui la nonchalance primitive paraît s'exagérer en aboulie, de même la « timidité » paraît s'exagérer en peur. Remarquons que le sentiment d'insécurité qu'éprouve le campagnard a des racines légitimes ; remarquons aussi que ce sentiment est atavique chez l'homme et d'autant plus accusé que celui-ci se trouve plus en arrière au point de vue évolutif. Nous avons parlé, à propos de l'insomnie, du réveil anxieux (comparable jusqu'à un certain point aux terreurs nocturnes des enfants, mais sans élément onirique ou hallucinatoire) qui survient entre 1 h. 1/2 et 2 h. 1/2 du matin. Or, c'est là précisément « l'heure de la peur » à la campagne, et une petite statistique assez curieuse que nous avons dressée montre que cette heure est celle où ceux qui veillent un malade se décident avec une remarquable et frappante constance, à faire appeler le médecin — ce qui est l'indice du maximum de crainte.

*Rareté de la phobie.* — Dans son état le plus simple et le plus inférieur, la peur est la phobie, qui ne peut être définie par la seule angoisse, car on y retrouve tous les éléments de la peur (physique, affectif, intellectuel et actif), mais qu'on peut appeler une peur à objet fixe, une peur cristallisée. Chez les neurasthéniques campagnards, les phobies sont très rares, puisque je n'en ai constaté (en prenant le mot dans son sens exact) que dans deux cas. Dans ces deux cas, il s'agissait de claustrophobie : un de mes malades ne pouvait supporter qu'on fermât sous aucun prétexte la porte de son habitation ou celle de la pièce où il se trouvait : je l'ai vu, chez moi, regarder avec une expression de souffrance la porte fermée de mon cabinet de consultations. Ses voisins disaient très justement de lui : « Il est comme les chats. » Il est bien connu, en effet, que chez cette espèce animale, la peur, parfois suivie de réflexes de défense désordonnés et même furieux, peut être la conséquence d'une incarcération même momentanée. L'autre de mes malades refusait absolument de voyager dans une voiture fermée ou simplement couverte. Un de ses parents, racontait-il, pris sans pouvoir se dégager entre la capote et le tablier d'un cabriolet, avait été victime d'un grave

accident de voiture, le cheval s'étant follement
emballé. Pour si logique que fût cette explication,
il n'en était pas moins vrai qu'un séjour obligatoire, si court fût-il, dans un véhicule non ouvert
et que même la simple appréhension d'un pareil
et indispensable séjour provoquaient chez le
névrosé d'intenses réactions émotives percepti-
bles pour tout l'entourage.

*Rareté de l'obsession.* — Si j'avais consenti à
prendre le mot de Phobie dans son sens le plus
extensif, bien d'autres observations viendraient
sous ma plume. Comment qualifier en effet, ces
états mixtes où il s'agit autant d'obsession proprement dite que de phobie? Pitres et Régis ont
dit : « On trouve tous les intermédiaires entre la
phobie pure réduite à l'attaque anxieuse et l'obsession intellectualisée. » Tout en faisant les réserves sur le sens qu'ils donnent dans cette phrase
au mot « phobie », nous sommes de leur avis et
croyons qu'il est plus simple de nous servir cons-
tamment du mot peur, la phobie étant une peur
rudimentaire fixe, l'obsession une peur très intellectualisée fixe et permanente.

Avons-nous constaté des obsessions vraies chez
nos neurasthéniques ruraux? La fixité étant un
des caractères de l'obsession, nous pouvons faire
pour elle la même réponse que pour la phobie,
en constater l'extrême rareté probable, car, bien
que nous n'ayons pas vu chez tous nos neurasthéniques ruraux un seul cas d'obsession vraie, nous

n'avons pas le droit de conclure à l'impossibilité
de son existence chez cette catégorie de névrosés.
D'ailleurs, comme le dit fort bien Pierre Janet
(qui fait rentrer l'obsession, telle qu'il la conçoit, dans le cadre de sa « psychasthénie »),
« l'obsession des neurasthéniques psychiques est
un phénomène infiniment moins automatique que
celui de l'hystérique ou de l'aliéné : la rumination mentale y a sa part et l'association d'idées
qui en est la base (association de la peur à une
sensation provocatrice) y est réellement *construite*
par le malade ». On ne saurait mieux dire : les
faits nous ont prouvé combien était exacte l'idée
de Janet, mais sa phrase eût gagné en clarté et
en exactitude s'il y eût remplacé le mot « peur »
par le mot « éléments physiologiques de la peur ».
Sa phrase, selon notre conception personnelle,
serait la suivante : « La peur permanente des neurasthéniques est un phénomène infiniment moins
automatique que l'obsession de l'hystérique ou de
l'aliéné ; outre qu'elle n'est généralement point
fixe, la rumination mentale y a sa part et l'association d'idées qui en est la base (association à une
sensation provocatrice des éléments physiques de
la peur : angoisse et réflexes moteurs) y est réellement construite par le malade. »

Donc, à notre avis, la peur permanente des
neurasthéniques ne rentre pas dans le cadre de
l'obsession : bien au contraire, l'immense majorité
de ces soi-disant obsessions rentrent, chez les neu-

rasthéniques, dans le cadre de la peur permanente. Nous n'avons pas à les étudier séparément ici.

*Les peurs permanentes.* — Les « peurs » permanentes des neurasthéniques ruraux sont donc un phénomène hautement psychique, très complexe et d'une analyse délicate. Elles sont à la fois créatrices d'aboulie apparente (c'est-à-dire d'inaction) et conséquence d'une aboulie réelle et consciente. Dans leur ensemble, on pourrait les réunir sous le vocable unique : « peur de vivre », mais il serait plus exact de se servir du suivant : « peur de la responsabilité ». Le sujet névrosé isole en quelque sorte son « moi » (c'est-à-dire devient en quelque sorte hyperconscient) par suite de l'augmentation de puissance de son aperception intérieure, le sent exposé, par le fait de sa propre aboulie, aux chocs extérieurs, et, à proprement parler, a peur pour lui. Chaque fois que ce moi se trouvera livré sans défense, par un acte quelconque du sujet, à des influences interprétées comme hostiles ou hostiles en réalité, le phénomène de la peur se produira dans son déchaînement complet, avec tous ses éléments.

La « peur de la responsabilité » qui n'atteint une intensité morbide que chez les névrosés, mais qui est la peur de tous les faibles, paraît être cependant un phénomène primitif chez le rural, et sa très grande fréquence chez le campagnard atteint psychiquement s'explique par le fait qu'elle n'est souvent que la réapparition d'un état mental atavique : la crainte toujours présente du « maître » qui demandera compte des actes accomplis, du « seigneur » terrestre et même du « seigneur » céleste. L'isolement du « moi » par l'hyperconscience du névrosé, et la conscience de son aboulie, jointes à la réapparition de cet état mental ancien conditionnent dans l'immense majorité des cas le fait psychique que nous étudions ici.

Est-il constant chez le neurasthénique rural ? Il est en réalité d'une grande fréquence, mais il n'existe plus ou n'existe qu'à peine chez l'aboulique extrême, chez le « passif conscient ». Un de mes malades, vrai « désarmé », me disait : « Je ne peux pas faire ce que je veux, donc, on n'a rien à me reprocher : rien n'est ma faute. » Et, fait à noter, n'ayant plus « peur d'agir », il n'avait plus peur de ce que dirait, ferait ou penserait autrui [1].

La peur de la responsabilité se manifeste à toute occasion ; il semble au malade que la moindre action va le compromettre. Le groupement de névrosés dans le milieu restreint que j'ai étudié, milieu qui ne se renouvelle jamais, où chacun se sent surveillé par tous, où chaque acte à peine

---

1. Il ne faut pas oublier que nous ne connaissons le monde extérieur et autrui que par l'intermédiaire de nos actes, de l'exécution de nos volitions.

accompli est immédiatement interprété, a pour
effet de rendre cette peur intense. Elle n'offre
rien de bien particulier dans ses caractères : son
élément physique se traduit par une angoisse permanente, et son réflexe défensif est variable. Chez
l'individu normal, celui qui craint se défend en
combattant ou en se cachant : le neurasthénique
s'il est peu aboulique, combat par intermittences,
mais s'il présente à l'observateur le tableau à
peu près complet des signes de la névrose, réagit plutôt en se cachant. Remarquons ici encore
que le phénomène morbide n'est, une fois de plus,
que l'exagération d'une tendance particulière au
campagnard, celle à dissimuler ses actes. Cette
tendance allant depuis des années en diminuant,
son exagération à l'époque actuelle, lui donne la
physionomie d'un fait d'ordre vraiment régressif.
Le neurasthénique qui dissimule par peur n'arrive pas d'ailleurs à de bons résultats : comme il
est éminemment faible et irritable, il lui arrive —
sous l'influence d'une volonté étrangère puissante
ou d'une violente excitation — de perdre en une
minute le bénéfice d'une longue ruse. C'est pourquoi l'aboulique complet, outre que (comme nous
venons de le dire), sa responsabilité lui paraît justement diminuée, a aussi (s'il est intelligent) le
sentiment de l'inanité de sa défense, et renonce
à réagir à la peur d'une façon tant soit peu réfléchie. Pour répéter une expression déjà employée,
« il désarme ».

Tous les neurasthéniques ne redoutent pas également toutes les responsabilités. Un classement entre elles s'impose ; nous proposerons le suivant (qui a l'avantage de représenter aussi l'ordre de fréquence de ces diverses peurs) :

**Peur de la responsabilité**

1° *Devant autrui*
a) sociale
1° devant les maîtres.
2° devant les clients.
3° devant les inférieurs
4° devant les égaux.
b) familiale

2° *Devant soi-même* (la conscience morale).
3° *Devant Dieu* (1).

## Peur de la responsabilité

1° *Sociale*. — Pour peu que l'on séjourne dans les campagnes dont il est ici question, et qu'on prenne contact avec leurs habitants, on a bientôt l'impression de vivre dans un milieu social tout à fait inconsistant. Car on a presque la moitié des chances, si l'on s'adresse à quelqu'un, d'avoir affaire à un aboulique ou à un craintif. La population étant d'esprit vif, et ayant la répartie prompte et facile, les conversations sur des sujets indiffé-

1. Remarquons qu'il n'y a pas, dans ce classement, place pour la responsabilité devant la Patrie, la Nation ou l'Etat. Car le paysan — et l'homme des villes bien souvent — n'a idée de « nation » que par l'intermédiaire de celle de « gouvernement », c'est-à-dire de maître — ou plutôt de multiples maîtres : les agents de l'Etat.

rents sont agréables, normales et aisées ; mais
dès que l'on insiste sur un point intéressant directement l'interlocuteur, si celui-ci se dérobe immédiatement ou approuve d'une façon exubérante
la manière de voir de celui qui lui parle (et surtout dans ce second cas), il est permis à ce dernier de se demander s'il n'a pas devant lui quelque neurasthénique avéré. Cette habitude d'approbation maladive trouve incontestablement sa
source dans la peur. Il arrive d'ailleurs que,
soit simultanément, soit à des époques différentes,
les névrosés approuvent les opinions contradictoires émises devant eux. Et puisqu'il est question ici de responsabilité sociale, disons que
l'habitude morbide de l'assentiment permanent
est particulièrement remarquable chez le « petit
homme politique » surtout s'il est névrosé. Le
maire ou le conseiller municipal d'une petite localité, s'ils sont neurasthéniques, tremblant sans
cesse et devant l'électeur d'une part, et devant
le préfet de l'autre, en arriveront « pour ne fâcher
personne » à des actes réellement grotesques,
d'une duplicité tellement maladroite qu'on en
est vraiment étonné, même quand on a l'habitude d'observer des troubles psychiques [1]. J'ai

---

1. Nous ne saurions trop insister sur ce point particulier.
La duplicité habituelle au rural ne peut expliquer une telle
incohérence d'action, une telle absence d'esprit de suite. La
peur permanente, si elle était une véritable *obsession*, ferait
réagir l'individu dans un sens toujours déterminé, suivant une

vu l'un d'eux promettre à deux individus, à un
quart d'heure d'intervalle (et en ma présence),
des choses absolument contradictoires et être
dans chacune de ces promesses, de la même
bonne foi ou de la même mauvaise foi, comme
on préférera. Quant à l'acte promis, il devait être,
par la suite, indéfiniment retardé et n'est probablement pas encore réalisé.

De même que l'élu neurasthénique tremble
devant ceux qu'il considère comme ses maîtres,
de même l'individu que sa situation place sous la
dépendance de maîtres véritables craint à tout
propos et même hors de propos de ne pas les satisfaire. Le domestique de ferme est rarement
neurasthénique ; mais j'ai noté cependant un cas
de névrose atteignant un jeune garçon de seize ans,
au service d'un métayer voisin, et j'ai vu ce sujet
attribuer — déraisonnablement d'ailleurs — une
mauvaise récolte de blé à des labours faits par
lui, loin de l'œil de son maître souffrant, d'une
manière trop superficielle et trop hâtive. Il m'a-
voua même avoir souffert de cette idée, chaque
soir, au lit, avant de s'endormir, pendant plus de

ligne de conduite nettement tracée : ici il n'en est rien : seule
la *peur* est permanente, mais son objet varie sans cesse, et il
semble chez les neurasthéniques ruraux que le malade redoute
quelque chose de la part de tout interlocuteur. Chez le rural
normal, au contraire, l'entêtement est de règle. L'asthénique
nerveux cesse d'être entêté. Ses idées sont flottantes, s'asso-
cient normalement, mais ne se fixent pas. Il est bien loin de la
véritable dissimulation.

deux mois, et avoir prévu pendant ce laps de temps la mauvaise récolte, en s'imaginant le mécontentement de son maître qui le renverrait, ou tout au moins, déprécierait devant autrui ses facultés culturales.

Il en est de même du haut en bas de l'échelle sociale. Le prêtre, l'instituteur qui sont souvent des ruraux par leur origine payent un lourd tribut à la neurasthénie. Leur culture plus élevée les fait souffrir davantage de l'isolement et de l'ennui ; leur situation d'hommes publics les met sans cesse en butte aux médisances et aux calomnies. La plupart souffrent moralement de leur responsabilité, qui est double : devant leurs chefs et devant leurs élèves ou leurs ouailles qui, étant donné l'état social actuel trop précocement anarchique, sont leurs maîtres aussi.

Fait curieux à noter : la peur de la responsabilité devant les clients est un fait rare, précisément parce que la névrose elle-même est rare chez les petits commerçants, les petits industriels, et les hommes d'affaires. La situation parfois difficile où les met souvent l'appauvrissement et l'état mental du pays n'agit pas sur leurs fonctions psychiques : et ceci s'explique si l'on songe que, contrairement au cultivateur propriétaire, leurs occupations réellement actives, traversées parfois d'un peu d'imprévu, les mettent à l'abri de l'ennui.

Ceux enfin qui sont ou se croient responsables

devant leurs inférieurs appartiennent à une classe
différente (souvent même au point de vue ethnique) où la névrose est rare. Les gentilshommes
ou les bourgeois de vieille souche locale sont, en
effet, fort peu nombreux dans le pays, mais la plupart voyagent suffisamment pour s'adapter à la vie
moderne et, s'ils s'appauvrissent, ont la ressource
— à laquelle ils ont recouru depuis longtemps et
recourent toujours — de vendre leurs terres et de
quitter la région. Aussi est-il parfaitement inutile de les faire entrer ici en ligne de compte :
nous en avons déjà trop dit d'ailleurs sur cette
peur chimérique de la responsabilité devant ceux
qui sont placés au-dessous de soi.

L'état social actuel rend au contraire particulièrement intense chez les névrosés la peur de la
responsabilité devant les égaux. Cette crainte
souvent tyrannique, permanente, obsédante chez
les sujets normaux se sublime chez les asthéni-
ques nerveux jusqu'à la terreur. Elle naît des
moindres paroles échangées, du moindre geste
ébauché. Le fait primitif de l'aboulie tend à s'en
augmenter encore, et à progresser rapidement
jusqu'à la passivité. Si l'opinion publique s'a-
perçoit de cette inertie, si elle critique, et si cette
critique vient aux oreilles du malade, celui-ci
essayant vainement de secouer son impuissance
sent plus douloureusement encore son aboulie.
Mais s'il arrive à la vaincre, il tremble, une fois
sa volition passée à l'acte, et sa peur en arrive à

se localiser sur un point bien déterminé. Ainsi
prend naissance ce que l'on appelle, par abus de
langage, l'obsession des neurasthéniques. Au contraire s'il reste dans son état de douloureuse impuissance, il en arrive à la rumination intellectuelle, phénomène sur lequel nous reviendrons,
nous contentant d'en exposer ici la genèse. Cette
obsession prétendue et cette rumination rentrent
ainsi dans le cadre de la peur, de la peur chez
un sujet devenu phrontidophile et hypercénesthésique consécutivement à son aboulie.

Un fait que nous allons exposer est un bel
exemple de cette succession de phénomènes. Un
de nos malades manquant totalement de volonté
depuis son mariage qui n'avait été pour lui qu'une
cause de soucis matériels et passionnels constants, était accusé par tout un village de fermer
les yeux sur l'inconduite de sa femme, sans grandes preuves d'ailleurs. Longtemps paralysé par
l'aboulie, il se révolta après un assez long délai,
et menaça d'une correction l'amant réel ou sup-
posé. Cet homme était un tout petit fonctionnaire :
stupéfié de l'incartade et naturellement poltron, il
ne répondit pas au mari et passa son chemin.
Cette conduite parut au névrosé d'autant plus sus-
pecte ; et son frère ayant été, quoique malingre
et pourvu de certificats médicaux, déclaré bon
pour le service au conseil de révision, il s'ima-
gina que l'infime fonctionnaire pouvait « y être
pour quelque chose ». Il se crut dès lors persé-

cuté pendant un ou deux mois, puis sa neurasthénie prit une autre tournure.

Comment eût agi, dans un cas semblable, un
paysan dont l'état psychique eût été normal ?
Malgré l'esprit défiant et craintif de sa classe
sociale, les choses ne se fussent point passées
ainsi. Il eût agi d'abord moins violemment, plus
secrètement et plus tôt à l'égard de l'amant sup-
posé, et eût apprécié ensuite son silence à sa juste
valeur. Ne l'eût-il pas fait, et eût-il cru à une per-
sécution réelle, qu'il eût réagi immédiatement et
cherché, avec un esprit de suite et une dissimulation suffisante à se venger tôt ou tard.

2° *Peur de la responsabilité familiale.* — Elle
est, par sa définition même, un peu moins fréquente que la peur de la responsabilité sociale,
mais je l'ai vue, chez certains malades, se manifester avec une grande acuité. La peur de fonder
une famille en est une des formes. J'ai connu un
jeune aboulique à instinct sexuel normal et même
amoureux, qui redoutait d'épouser celle qu'il se
croyait destinée par appréhension de ne pouvoir
nourrir convenablement, par les ressources de son
travail, la famille qu'il ne manquerait pas d'avoir.
Mais ce fait est absolument exceptionnel, car
l'appétence génitale (je n'ose pas dire l'amour) [1]

1. Il est fréquent dans cette région à mariage aussi précoce
que possible, de voir la première amourette, née de l'éveil de
l'instinct sexuel à la puberté, se transformer en union définitive. L'homme s'y soucie généralement peu des qualités mora-

est généralement assez développée, même chez les névrosés, pour triompher de l'aboulie. Aussi, malgré la fréquence de la neurasthénie juvénile, la nuptialité est-elle très suffisante dans la région et même, sauf le cas de stérilité temporaire ou définitive, un enfant naît-il à peu près toujours dans la première année de l'union. Les névrosés voient alors leur mentalité se modifier : ils tremblent pour l'avenir de l'enfant, devenu d'autant plus vite une idole qu'il reste la plupart du temps unique. Ce n'est pas ici le lieu d'insister (nous l'avons déjà fait) sur la déplorable éducation que reçoit dès le berceau ce malheureux petit être, voué lui-même à la neurasthénie à la première occasion par la manière dont on le conduit à la lutte pour l'existence. L'enfant, avons-nous dit, reste la plupart du temps unique : c'est que le ou les conjoints névrosés ne se sentent pas le courage d'en procréer un second. Ils usent couramment de pratiques malthusiennes, ils « trichent », comme on dit dans le pays : ce mot désigne à peu près toujours le « coïtus reservatus ». On a quelquefois même — et bien plus souvent qu'on ne se l'imagine (les pratiques malthusiennes restant rudimentaires) — recours à l'avorteuse en renom.

 les ou d'ordre pratique de sa future épouse. L'état physique de la jeune fille importe avant tout : les filles précocement développées et d'un embonpoint convenable se marient plus facilement et plus vite que les retardataires et les maigres, quelle que soit d'autre part l'esthétique faciale des unes ou des autres.

L'opinion publique, qui est si tyrannique pour les
abouliques, n'approuve pas actuellement la procréation multiple : il est incontestable que les
familles nombreuses sont réellement méprisées.
On traite, avec un clignement d'yeux malin, les
conjoints multipares comme des « maladroits » ce
qui est, dans la région garonnaise, l'injure peut-.
être suprême. L'avarice n'est véritablement plus,
dans beaucoup de familles, la cause de ce « restraint » que la misère n'influence guère, ici pas
plus qu'ailleurs. La peur d'une responsabilité
nouvelle, la responsabilité devant les siens, dont
le sentiment, obtus autrefois, a été développé à
l'excès par la parole, par le journal, par le livre
en est souvent, chez le neurasthénique, la véritable raison déterminante. Il ne veut pas « faire de
petits malheureux », ceux-ci, lui-même et les voisins lui reprocheraient certainement plus tard
son imprévoyance. Et l'opinion publique toute puissante suffirait d'ailleurs à l'obliger à ce « restraint » au cas même où la précédente raison
n'interviendrait pas.

Mais, fait remarquable à mettre en évidence,
le neurasthénique complet procrée. Je pourrais
citer ici l'observation, très curieuse, d'un malade
de mon ex-clientèle, homme de quarante ans,
aboulique vraiment passif, ancien neurasthénique
et dyspeptique qui, marié depuis quatre ans, avait
quatre enfants. Je pus obtenir de lui des renseignements intéressants car — j'emploie de nou-

veau cette expression significative — sa névrose
l'avait désarmé. La religion n'avait absolument
rien à voir dans l'affaire : le sujet n'était ni pra-
tiquant, ni même croyant, et la morale laïque,
peu impressionnante, n'influençait guère ses actes. Ses explications me convainquirent qu'il se
livrait au coït fréquent et sans aucune réserve par
une absence totale de maîtrise de soi, que le sentiment de son irresponsabilité lui faisait mépri-
ser l'opinion publique et que d'autre part, il
croyait, d'après certaines lectures, à la possibilité d'une aggravation de son état gastrique par
le fait du « coïtus reservatus ». J'ai connu dans
le même village un neurasthénique aboulique (ar-
thritique, migraineux) craignant à chaque instant de perdre sa place de garde champêtre quoique timoré au point de ne pas oser un seul pro-
cès-verbal contre ses concitoyens. Il procréait
aussi tous les ans. Lui non plus n'était pas capable de remettre à plus tard les conséquences d'une
érection impérieuse : sa femme, pourtant complice
et que j'eus l'occasion de soigner au cours d'une
de ses grossesses, le lui reprocha en ma présence.
Il n'élevait guère mieux sa multiple descendance
que si, moins avancé dans la névrose, il se fût
arrangé de manière à n'avoir qu'un unique reje-
ton. Et, par malheur, la peur de ne pas suffire à
l'alimentation des siens empoisonnait son existence. Il pliait vraiment, lui, sous le poids d'une
responsabilité familiale trop lourde.

Le soutien de famille peut, tout autant que le père de famille, être effrayé de la responsabilité qui lui incombe. Un de mes malades, unique soutien de son frère impotent et de sa vieille mère, âgé de quarante-trois ans, célibataire, homme très primitif, était atteint, deux ou trois fois par semaine, de réveils anxieux qui aboutirent au bout de quelques mois à l'insomnie permanente. Il compensait cette insomnie nocturne par un repos de cinq à six heures par jour, ce qui nuisait à ses travaux agricoles et aggravait encore l'effet de ses habitudes déjà vieilles de retardataire aboulique. Il songeait à tout cela pendant ses insomnies, et quoique ses parents ne manquassent de rien, se trouvait d'autant plus découragé devant le travail nécessaire que le sentiment de sa responsabilité devenait plus douloureux et plus aigu. Sa mère et son frère moururent, presque en même temps, de grippe infectieuse ; il en eut un chagrin terrible. Mais six mois après, sa neurasthénie s'était notablement améliorée. Je n'ai jamais pu comprendre, malgré des examens répétés (mais peut-être trop sommaires) à quelle intoxication ce malade avait dû son affection.

3° *Peur de la responsabilité devant soi-même.* — Cette peur est exceptionnelle chez le paysan normal, peu habitué à s'analyser. Elle est rare aussi chez le neurasthénique, bien que ses facultés d'introspection soient exagérées. Mais le névrosé s'analyse mal, ou plutôt d'une manière

confuse, et ne différencie pas bien le langage de
sa conscience morale de celui de l'opinion publique. Pour tout dire en un mot : il se juge socia-
lement. En ayant peur devant lui-même, il a peur,
en réalité, devant autrui. Aussi n'aurons-nous
rien à dire de cette forme de peur, et nous con-
tenterons-nous de citer le seul cas observé où
elle puisse être mise en cause. Ce cas est le suivant : il s'agissait d'un névrosé qui se reprochait
d'avoir insulté sans témoins un vieillard dont il
croyait avoir à se plaindre. Il ajoutait aussitôt en
me contant le fait : « Personne ne l'a su, que ce
vieux qui ne s'en est pas vanté, que moi et que
vous maintenant qui ne le répéterez pas. *Ces
choses-là sont défendues.* Et si on l'avait su, on
aurait dit que je suis « un rien du tout » et on
aurait bien fait. » D'ailleurs, chez les sujets religieux — et la conscience morale n'a pas encore
été *laïcisée* entièrement chez le rural — la peur
de la responsabilité devant soi-même se confond
avec la peur de la responsabilité devant Dieu.

4° *Peur de la responsabilité devant Dieu.* —
Parmi les formes diverses que peut affecter cette
peur, une de celles qui sont restées, dans les milieux ruraux, des plus vivaces malgré l'ancienneté de ses origines, est la crainte de l'interven-
tion des morts ou des âmes du purgatoire qui,
venant reprocher au vivant ses fautes, lui feront
sentir ainsi tout le poids de sa responsabilité devant eux. Elle a une cause généralement familiale :

il est logique que le rural, qui soigne et traite
ordinairement assez mal ses parents vieux et hors
d'état de gagner leur vie, redoute que Dieu — qui
n'est pas le « bon Dieu » dans l'esprit des campagnards — ne lui envoie des âmes d'ancêtres pour
lui reprocher ses iniquités. Ces âmes deviennent
ainsi les agents terrestres de la vindicte divine :
je dis ici vindicte plutôt que justice car — fait qui
vient à l'appui de cette manière de s'exprimer —
le Seigneur, le Maître d'en haut, n'est pas, plus
que les maîtres d'en bas considéré comme bien-
veillant. On s'en rend bien compte en remarquant
que, dans la région dont nous nous occupons, la
religion a conservé la forme très primitive du
culte propitiatoire. Un culte de cette nature ne
peut se célébrer qu'en l'honneur d'une divinité
non pas juste, mais toujours menaçante. Le catholicisme n'est pas encore arrivé à faire pénétrer
dans l'esprit du rural la notion d'un Dieu — je
ne dirai pas même bon, mais juste — et pourtant l'idée de la bonté divine date, au moins, de
Platon.

Chez le neurasthénique, cette peur de la divinité exerçant ses représailles par l'intermédiaire
des esprits des morts atteint quelquefois une
très grande intensité, et plus encore chez l'homme
que chez la femme. Cette intensité pourrait même,
si l'observateur n'y prenait garde, égarer parfois
le diagnostic si un fait particulier ne venait l'éclairer : la facilité avec laquelle cette peur est, dans

l'esprit du malade, remplacée par d'autres [1]. Il
semble qu'elle soit une peur en quelque sorte élémentaire, une couche inférieure, une couche ancienne de la peur — si on me passe l'expression
— qui reparaît toutes les fois que l'esprit n'est
pas occupé par une peur d'origine plus récente
et généralement plus nette et plus systématisée.
Elle est parfois très angoissante, le malade sen-
tant qu'il ne peut, étant donné son aboulie, faire
le nécessaire pour se concilier la mansuétude
divine, et ayant la sensation (je cite ici textuellement une de mes malades) « d'être au bas d'une
pente qu'il ne pourrait remonter ».

1. Ce phénomène de la substitution des peurs est très fréquent chez le primitif. Tylor a donné de la religion la définition minima suivante : « croyance en des êtres spirituels »
que Deniker corrige ainsi : croyance en des êtres imaginaires ». Ce dernier fait à ce propos la remarque suivante : « Cette
croyance a son origine principale dans la peur de tout événe-
ment insolite, extraordinaire et surtout des maladies et de la
mort. Quelquefois l'idée d'un être spirituel se confond tellement avec la sensation de la peur qu'elle ne se présente qu'au
moment où celle-ci se produit. Ainsi les Fuégiens Yaghans
n'ont aucune idée nette des esprits et ce n'est que le soir sous
l'influence de la peur qu'ils s'imaginent être attaqués par des
« sauvages de l'Ouest », par des Oualapatou que certains tiennent pour des revenants et d'autres tout simplement pour des
individus d'une tribu voisine : celle des Alakaloufs. » La mentalité du neurasthénique rural ne diffère sur ce point de celle
des Fuégiens qu'en ce fait : que l'idée d'une responsabilité morale, éthique y intervient toujours pour une certaine part.

*Réactions à la peur.* — 1° *Le fétichisme.* —
Cette peur permanente aboutit au fétichisme, qui
en est la réaction de défense caractéristique, et
qui, quoique étant à proprement parler un des
éléments de cette peur, peut en certains cas, à
cause de sa grande intensité, se montrer comme
un grand symptôme de l'asthénie psychique. Le
malade qui redoute sa responsabilité devant Dieu
pourra par exemple se protéger par une invoca-
tion, par une prière ou même par un mot prononcé au moment voulu. La superstition est
aujourd'hui, dans l'ordre religieux, la manifestation du fétichisme : elle est fréquente et souvent absurde chez le neurasthénique.

Mais le fétichisme peut être aussi la réaction de
défense de toutes les peurs possibles : nous avons
vu d'ailleurs avec quelle facilité, chez le rural
comme chez le primitif (cf. la note précédente)
ces peurs se confondaient et surtout se substi-
tuaient les unes aux autres. Il y a pour le névrosé
surtout (qui semble, vraiment à ce point de vue,
régresser) des individus, des animaux, des objets,
des idées et des mots protecteurs. Si le malade
tremble devant sa responsabilité sociale, un homme
cru puissant et bientôt regardé comme absolument
inattaquable jouera le rôle de fétiche, quelles que
soient, d'autre part, sa puissance et son invulné-
rabilité réelles. Son nom vénéré, effectivement
prononcé et souvent répété dans une conversation,
protégera de la critique et de la calomnie et con-

fondra l'adversaire même si ce dernier ne paraît pas le moins du monde confondu [1]. Si la responsabilité devant les siens est l'épouvante du névrosé, s'il redoute de ne pouvoir remplir ses devoirs paternels vis-à-vis d'une trop nombreuse progéniture, tel procédé malthusien absurde propagé d'alcôve en alcôve sera quelquefois, malgré toute évidence, regardé comme infaillible. S'il a peur des reproches de sa conscience, de ses morts, de Dieu et de ses voisins (il a parfois toutes ces craintes à la fois, et confusément), telle aumône, faite à temps, en l'honneur de la Divinité mais dans l'intérêt des hommes, le préservera du mauvais sort, des calomnies, des remords et de la colère céleste. Le fétichisme existe donc sous toutes ses formes, à tous les degrés. Le civilisé, et même souvent le paysan normal, ne réagissent plus à la peur de cette manière : c'est au contraire *toujours* de cette manière que le névrosé rural réagit à la peur.

2° *La recherche exagérée de la sécurité.* — Cependant, si ce mode de réaction est constant, il n'est pas exclusif. En même temps qu'il emploie instinctivement ce procédé ancestral et semi-au-

---

1. Le fait ne s'observe avec cette intensité que chez le neurasthénique. Mais chez le rural normal on constate, à un moindre degré, le même fait. Il est souvent, trop souvent question, dans le pays où nous avons vécu, de ceux qui ont « le bras long », et la puissance qu'on leur attribue est parfois absolument illusoire.

tomatique de défense, il peut arriver que le neurasthénique cherche d'une manière réfléchie et
suffisamment logique ce qui lui assurera une sécurité réelle. Il ne différera guère dans cette recherche du sujet normal, se servant pour arriver
à un but légitimement poursuivi d'ailleurs, des
mêmes moyens. Mais il s'en différenciera tout de
même en ce que, tremblant sans cesse, sa préoc-
cupation presque unique sera de se mettre à l'abri :
il y consacrera tout ce qui lui restera d'initiative
et de forces, c'est-à-dire de volonté, et il y em-
ploiera parfois tout son temps. Il le fera tout
aussi bien pour sa sécurité morale que pour sa
sécurité matérielle, pour sa sécurité psychique
que pour sa sécurité physique.

3° *Le doute*. — La recherche de la sécurité
psychique aboutit souvent au doute, phénomène
fréquent chez le névrosé. Lui aussi fait partie de
la peur : il n'a absolument rien à voir avec le
doute philosophique et désintéressé, conscience,
non d'une insécurité, mais d'une incertitude [1]. Un

---

1. Le mot « sûr » désigne encore à la fois la certitude et la
sécurité, de même que le mot grec φροντις désignait à la fois
la réflexion et l'inquiétude. A mesure que l'on recule dans l'é-
volution psychique, on voit les opérations de l'esprit devenir
de plus en plus « affectives ». L'homme n'a « connu » que par
le plaisir et la douleur, et la première notion du monde extérieur est chez tout être à système nerveux plus ou moins différencié, celle du « bon » ou de « l'hostile ». Le neurasthénique
redevient primitif.

exemple me fera comprendre. J'ai connu un malade qui doutait de l'existence de Dieu. C'était un homme de soixante ans, assez intelligent, qui passait son temps, étant inoccupé, à chercher passionnément autour de lui des preuves de cette existence. Il en avait d'abord trouvé quelquesunes : et la rotation terrestre lui avait paru surtout fort convaincante (il faut bien qu'on ait lancé la toupie, disait-il). Puis, il les avait peu à peu éliminées comme insuffisantes, et en était arrivé à chercher sans cesse et à attribuer l'insuccès de ses recherches à son aboulie ordinaire, dont il avait parfaitement conscience. Aussi souffrait-il d'autant plus que ce n'était pas par pur esprit spéculatif qu'il avait mis ses facultés « en chasse » : il redoutait de mourir tout entier et aurait conclu de l'existence d'un être éternel à la possibilité de son éternité propre. Remarquons ici que cette « peur de la mort totale » ne peut être regardée elle-même comme un doute préalable (doute au sujet de la vie future) mais que, chez un campagnard primitif par beaucoup de côtés, elle paraît comporter surtout comme élément essentiel, la « peur de la mort » tout court.

Quoi qu'il en soit, on constatait chez ce malade le processus suivant, que j'ai depuis retrouvé chez beaucoup d'autres :

Peur originelle, avec, comme phénomène de défense, recherche d'une sécurité morale (d'une

certitude-sécurité, si l'on veut), recherche rendue
douloureuse par la conscience de l'aboulie.

Il n'y a pas place, dans cette suite de phénomènes, pour le doute philosophique et désintéressé. Il y a dans le doute de tous les douteurs
ruraux neurasthéniques que j'ai observés, un élément actif : ce n'est pas la simple constatation :
« je ne suis pas certain », mais c'est la constatation
douloureuse suivante : « je cherche à me mettre à
l'abri de quelque chose, et mon aboulie m'empêche de chercher assez pour trouver un être ou un
objet défensif qui, probablement, doit exister, ce
qui rend mon insuccès d'autant plus décevant. »
Comme on le voit, ce doute du campagnard névrosé ne demande qu'à cesser, qu'à se résoudre
en quelque sorte au fétichisme. Ce fétichisme lui-
même n'est qu'un acte de défense mal réalisé par
dysboulie.

## C. — *Exagération de l'aperception.*

**I. — *Intérieure,* —** Nous avons vu déjà, en
étudiant la peur de la responsabilité qui est si
fréquente chez les neurasthéniques dont nous
nous occupons ici, que c'est grâce à l'extension et
à l'exagération de l'introspection que cette peur
(sans rien perdre de sa nature ni de ses caractères), ni sans se dissocier, comme chez l'aliéné

en ses éléments constitutifs) s'étale longuement,
pour ainsi dire, sous les regards de l'observateur,
si bien que certaines de ses manifestations défen-
sives (le fétichisme par exemple) finissent par
prendre l'apparence de symptômes autonomes.
Mais l'exagération des phénomènes d'aperception
intérieure produit encore d'autres effets.

*La réflexion douloureuse.* — Elle augmente
d'abord la tristesse du malade. S'il est en effet de
notion courante que la joie « dissipe » et que le
malheur « concentre », on peut retourner la proposition, et constater que la concentration d'esprit
est créatrice de tristesse, et la distraction créatrice
de joie. Seul un degré élevé de culture intellectuelle peut rendre fausse cette deuxième proposition, ou même en renverser les termes. Et, effectivement, chez le neurasthénique rural, il arrive que
cette « concentration d'esprit » soit, à la fois, productrice de douleur morale et de douleur physique (souvent céphalée ou vertiges). Bien plus,
en dehors de la souffrance que l'effort de penser
suffit à provoquer, il en est une autre qui trouve
sa source dans la tendance qu'a le névrosé à ne
s'occuper précisément que d'idées, de sensations,
de sentiments pénibles, qu'ils soient actuels ou
passés.

*La phrontidophilie.* — Cette recherche, systé-
matique parfois, de la tristesse, n'est pas comme
le doute ou le fétichisme un réflexe défensif plus
ou moins complet, prenant place parmi les phé-

nomènes réactionnels de la peur ; c'est une tendance primitive, autonome, qui, dans ses formes
larvées, n'apparaît que comme l'exagération d'un
phénomène normal. Nous l'avons baptisée du mot
de « phrontidophilie »[1], qui nous a paru beaucoup
plus compréhensif et plus logique que celui de
« rumination ». Ce dernier terme cependant,
mérite, à plusieurs points de vue, d'être conservé.
Tous les intermédiaires existent en effet entre la
simple réflexion douloureuse et la rumination
véritable, tellement accentuée parfois, que, dans
certains cas limites, le diagnostic de la neurasthénie avec la mélancolie anxieuse atténuée devient
tout à fait difficile et même impossible. Un de ces
cas limites est assurément « le mal du pays » ;
notons ici que la nostalgie vraie est précisément
une affection des primitifs et des ruraux.

---

1. Pour ne pas surcharger inutilement le texte, je donne ici
en note une observation typique de neurasthénique rural où
l'exagération de l'aperception intérieure se traduit par ses deux
formes essentielles : l'hypercénesthésie et la phrontidophilie. Il
s'agit d'un jeune homme de 35 ans, fils d'une mère nerveuse et
d'un père absolument normal, sans autre antécédent héréditaire que la tuberculose d'un grand-parent. Brachycéphale, petit,
brun, paraissant être du groupe ethnique cévenol. Pas d'affections infantiles. A fait son service militaire en Algérie, a été
atteint à Oran du « mal du pays » et, d'après un de ses camarades,
aurait manifesté des idées de suicide. Il fut enchanté plus tard
de ce séjour exotique. Il se maria à 30 ans, faisant un mariage
que d'autres regardèrent comme disproportionné ; il épousa,
ayant du bien, une fille de 16 ans, obèse, peu intelligente, et
surtout pauvre en argent et en terres. Il eut un enfant dans

Il existe deux ordres de phénomènes de conscience : les uns sont relatifs à la vie psychique, les autres à la vie organique. Les uns et les autres peuvent devenir, chez le névrosé phrontidophile, hyperconscients ; de plus, dans l'ordre psychique comme dans l'ordre organique, certains faits ordi-

la première année de son mariage. L'idée de retourner en Algérie et d'y coloniser le hantait sans cesse. Personne, ni sa femme très soumise, ni ses beaux-parents indifférents, ne combattit cette idée. Il m'en fit part à sa première consultation, prise à l'occasion d'une grippe, et me dit même avoir demandé des renseignements à la mairie, étant alors décidé à donner suite à son projet dont il avait tellement causé à ses amis, qu'on parla bientôt de son prochain départ comme d'une chose certaine. Au cours de sa grippe, il fut atteint d'une névralgie intercostale assez douloureuse, mais parut guérir vite et complètement. A quelque temps de là, je lui demandai où en était son projet : il avait reçu les renseignements sollicités, était même assuré d'une concession probable et fort peu coûteuse de bons terrains de culture mais ne pouvait (il ne savait d'ailleurs pourquoi) se déterminer à la demander fermement. Deux mois se passèrent sans qu'il pût se décider. Puis j'eus de nouveau sa visite : il me fit part de ses craintes au sujet de son estomac, sans cesse en mouvement, disait-il, et par conséquent « détraqué ». Il ne se plaignait ni de douleur ou de tension épigastriques, ni de troubles de l'appétit, ni de constipation. A l'examen, tout paraissait normal, et je pus me convaincre par l'interrogatoire que mon malade, s'observant sans cesse, percevait quelques contractions stomacales et peut-être l'expulsion du contenu gastrique après le premier temps de la digestion. Je le lui expliquai : il m'opposa, comme signe de dyspepsie, la douleur intercostale dont il avait souffert au moment de sa grippe. Il se plaignit aussi de la difficulté qu'il avait à travailler, de sa fatigue rapide, et surtout d'insomnies intermittentes. Je l'interrogeai sur son départ, que je feignis de croire prochain ; il me nairement subconscients peuvent devenir conscients chez le neurasthénique. L'hyperconscience du conscient aussi bien que la conscience du subconscient sont douloureuses au même titre. Toute « concentration d'esprit », avons-nous dit, ou plutôt tout « retour sur soi-même » est pénible chez l'individu primitif : l'homme n'a eu besoin de penser que parce qu'il souffrait (en tant qu'inadapté) et, naturellement, n'a eu pour thème de sa réflexion que sa souffrance.

Nous étudierons successivement l'exagération de l'aperception intérieure, ou hyperconscience, relative aux faits de la vie organique, et celle relative aux faits de la vie psychique.

---

répondit que, pas plus maintenant qu'autrefois, il ne se sentait le courage de faire la démarche décisive, quoiqu'il fût sûr que son avenir était là. Sa femme, présente à la consultation, me dit que son mari passait son temps à « ruminer » (ce fut sa propre expression) sur diverses choses : sur son départ, sa maladie, qu'il se reprochait son manque de volonté et se fâchait à propos de rien. Je poussai davantage l'interrogatoire ; il finit par me dire que « cette situation d'Algérie était trop belle pour un sabotier comme lui », et enfin qu'il ne la méritait pas. Je tâchai d'instituer, sans aucun succès, une thérapeutique : l'état du malade s'aggravait.

Heureusement pour lui, tout se termina soudainement. Un homme influent qui s'intéressait au jeune ménage fit, sous l'influence de son autorité et un peu par surprise, signer la demande. La concession a été accordée ; le jeune colon dont j'ai eu des nouvelles ne serait plus neurasthénique. Ressentira-t-il en Algérie le mal du pays ? L'avenir nous le dira, mais le fait que le jeune homme en a été indemne pendant les premiers temps de son séjour rend la chose peu probable.

*Manifestations de l'exagération de l'aperception intérieure dans la vie organique.* -- Une infinité de neurasthéniques (tous ceux que nous avons observés se plaignent d'une tendance à la fatigue musculaire rapide ; ceci est absolument banal et n'a rien de spécial au rural. Mais il est intéressant, quand on a comme nous observé 200 sujets, de vérifier, sur ce point particulier, les opinions émises par divers auteurs, et de se demander avec certains si la rapidité du phénomène de la fatigue musculaire est, chez le névrosé, un fait réel ou s'il s'agit d'un phénomène en rapport avec l'hypercénesthésie du sujet.

Voici ce que nous avons constaté : la fatigue musculaire n'est *jamais* en date un des premiers symptômes, *sauf dans les cas où l'état gastrique est antérieur* à la neurasthénie. *Elle est loin d'être permanente*, et disparaît souvent au cours de ces journées à peu près normales qu'ont parfois les malades au cours de leur affection. Il arrive parfois enfin que, distrait de sa fatigue, le neurasthénique arrive à exécuter des travaux qu'on aurait crus au-dessus de ses forces actuelles. On ne peut nier — et c'est là notre impression — que dans certains cas, elle ne dépende exclusivement de l'hypercénesthésie, rendant trop tôt conscient un épuisement musculaire physiologique, et donnant au sujet l'illusion que, si un effort nouveau est exigé de lui, il ne pourra l'accomplir. G. Ballet et J. Philippe ont en effet constaté de la ma-

nière la plus nette à l'aide de l'ergographe de
Mosso et par comparaison avec des traces de myo-
pathiques et de névritiques que la courbe d'épuisement au travail du muscle du neurasthénique
était parfaitement normale, mais qu'après l'épuisement, si l'on continuait à faire travailler modé-
rément le muscle, les contractions musculaires du
neurasthénique regagnaient bien plus lentement
leur amplitude primitive que celles de l'individu
normal, comme si le système nerveux du névrosé
n'eût envoyé que paresseusement ses ordres au
muscle, ou comme si la contractilité musculaire
eût mis plus longtemps à se régénérer. Comme
on le voit, il n'y a rien dans cette constatation de
contradictoire à l'hypothèse de la fatigue apparente par hypercénesthésie, et, s'il est impossible
de la regarder comme une preuve en sa faveur,
on peut parfaitement admettre sans risquer d'être
contredit par la physiologie ce que démontre la
clinique : la possibilité d'une pseudo-fatigue par
hypercénesthésie chez de nombreux neurasthéniques.

Mais il est absolument certain que, dans nombre de cas, le neurasthénique qui est, en somme,
un intoxiqué, est vraiment un sujet à force musculaire diminuée.

L'hypercénesthésie digestive est aussi très fréquente chez le rural. La genèse de cette perception déjà décrite est néanmoins intéressante à
suivre chez lui : elle commence par l'audition

attentive de *bruits* qui, d'ordinaire, sont suffisamment nets pour être entendus mais passent inaperçus (bruits de déglutition, d'évacuation pylorique, de contractions intestinales) et semble se continuer par la perception réelle de phénomènes jusque-là inconscients (contraction gastrique par exemple).

Il en est de même pour l'hypercénesthésie cardiaque : ce sont les *bruits* du cœur qui attirent d'abord l'attention. Les sujets disent ensuite sentir leur cœur sans qu'il soit possible de contrôler la valeur de cette assertion.

Il existe aussi une hypercénesthésie circulatoire : le malade sent, en diverses régions, ses battements artériels; elle est en général consécutive à la cardiaque.

Donc, chez le neurasthénique rural, il est indispensable qu'un phénomène *extérieurement perçu* (bruit surtout) ait attiré l'attention sur un organe pour qu'il serve de point d'application à l'hyperesthésie du névrosé. Aussi les hypercénesthésies cardiaque et digestive ont-elles chez lui la première place, place tellement prépondérante que nous jugeons inutile d'étendre la description de ce phénomène à d'autres organes : aussi bien ne décrivons-nous ici que ce que nous avons convenablement observé.

Les conséquences de ces perceptions anormales dans leur intensité ou dans leur origine sont un peu spéciales au campagnard. A elles seules, elles ne peuvent suffire à créer dans son esprit l'idée de maladie [1].

Il faut pour que cette idée s'installe en lui qu'un phénomène réellement douloureux soit venu définitivement localiser l'attention sur l'organe senti [2] préalablement. Ce phénomène est alors la plupart du temps, réellement, quoique légèrement morbide. Fréquemment une erreur se produit, grâce à l'interprétation erronée de phénomènes douloureux, sur le siège de l'affection supposée : les douleurs gastriques, par exemple, font souvent songer à une maladie de cœur, étant donné l'erreur héréditaire des primitifs sur les situations respectives du cœur et de l'estomac et la quasi-confusion des deux organes qu'entretient encore le langage des civilisés.

Il s'agit toujours chez les neurasthéniques que nous avons observés de *l'idée d'une maladie présente,* existante et non de nosophobie. Le sujet met si peu en doute l'affection dont il est atteint, que c'est ordinairement pour elle et non pour les troubles nerveux qu'elle présente qu'il va se faire examiner par un médecin. Il lui rapporte

---

1. Le rural qui n'est pas extrêmement neurasthénique est resté méfiant, même vis-à-vis de lui-même. Il craint d'être un malade imaginaire et surtout de passer pour tel.

2. L'esprit du rural n'est pas prompt, et un phénomène *intense* peut seul fixer son attention, quand il débute dans la « névrose ».

d'ailleurs la plupart des symptômes, psychiques ou autres dont il est la victime.

Cette croyance est souvent instable. J'ai vu des individus, successivement, se croire atteints de « gastrite » et de « maladie de cœur » puis s'imaginer qu'ils allaient avoir un « transport au cerveau » et quelquefois en dernier lieu (après consultations multiples à conclusions contradictoires de voisins, de bonnes femmes, de sorciers, de pharmaciens et même de médecins) prendre conscience de leurs troubles nerveux et s'imaginer qu'ils allaient « devenir fous ». Et malgré la conscience qu'ils avaient de leur mauvais état psychique, si on leur affirmait qu'ils étaient atteints simplement de « faiblesse nerveuse », on avait malgré tout de grandes chances pour ne pas être cru. Le malade s'imaginait atteint d'une affection nerveuse plus grave, et la sensation douloureuse de la céphalée était généralement le point de départ de cette interprétation fausse et exagérée. On peut donc dire qu'il n'est pas absolument exceptionnel de constater, comme couronnement de toutes les hyperesthésies organiques, une véritable hypercénesthésie nerveuse. Nous disons : comme couronnement, car ce n'est que chez les névrosés extrêmes que le médecin peut, à l'aide d'une minutieuse analyse psychologique, mettre en lumière toute la série de phénomènes qui rentre dans le cadre de ce symptôme psychique, si difficile à différencier, au moins chez le campa-

gnard. Comment, par exemple, interpréter cette
phrase d'un de nos malades : « Je sens mon cerveau travailler » ?

Laissant donc à des observateurs mieux placés
le soin d'explorer plus complètement ces faits tout
particuliers, nous préférons faire place dans ce
chapitre à ce qu'on a appelé la « neurasthénie
génitale ». Il n'y a point là, en effet, une forme
spéciale de la névrose, mais une simple prédominance symptomatique. Elle est assez rare : je n'en
ai recueilli chez l'homme, que quatre observations
légitimes. Le malade peut croire soit à une affection génitale, soit à son impuissance : ces deux
croyances étaient confondues dans l'esprit d'un
de mes malades.

Pour que le malade croie à une affection génitale, il faut que deux conditions soient réalisées
(elles étaient réalisées dans ma première observation) la première est que le neurasthénique ait
eu autrefois dans la sphère génitale quelque manifestation morbide plus ou moins douloureuse; la
seconde est que le sujet soit, de préférence, un
demi-instruit, capable de lire quelque brochure
spéciale ou quelque annonce de publications anti-
vénériennes — cette condition est actuellement
d'une réalisation des plus ordinaires. — Il arrive
fréquemment qu'un vieux blennorrhagique se croie
syphilitique, la confusion entre les deux affections
étant encore très fréquente, entretenue qu'elle est
par un charlatanisme pharmaceutique qui n'est

pas près de s'éteindre. Là non plus, il ne s'agit pas chez le rural de nosophobie : le sujet affirme au médecin : je suis syphilitique, et le croit sincèrement, malgré quelquefois les affirmations contraires [1].

Le malade, avons-nous dit, peut croire à son impuissance génitale. Il peut même devenir, jusqu'à un certain degré, réellement impuissant. S'agit-il quelquefois de gynophobie ? Je n'ai observé dans la région qu'un gynophobe, individu manifestement dégénéré, et dont je n'ai pas fait entrer ici l'observation en ligne de compte. S'agit-il, tout au moins, d'inappétence génitale dans certains cas ? Il existe chez certains sujets une inappétence relative et transitoire qui n'offre, vu leur âge et leur situation, rien de particulièrement morbide. Habituellement, au contraire, l'impuissance partielle du névrosé se manifeste ainsi : érection hâtive et aisément provoquée, mais incomplète ; éjaculation trop précoce. J'ai pu interroger sur son état génital un célibataire d'une quarantaine d'années, névrosé depuis longtemps :

1. Il est curieux de remarquer avec quelle facilité le rural, tout comme l'enfant, s'auto-suggestionne, surtout dans la région fortement méridionale que nous étudions ici. La parole détermine pour lui la foi ; la tendance vaut le fait accompli ; personne ne prend plus que lui ses désirs pour des réalités. Cet état d'esprit explique bien la rareté de la nosophobie. L'individu ne tremble que pour son moi psychique, la certitude n'existant guère, pour son intelligence encore primitive, que dans le domaine matériel.

il m'a dit avoir l'érection particulièrement facile,
surtout pendant la saison chaude et principalement en présence de filles à peine pubères. Il avait
une maîtresse de son âge qu'il voyait trois fois
par semaine environ et avec laquelle, depuis longtemps, il se satisfaisait d'un simulacre d'acte, allant, disait-il, « trop vite et trop mal ». Cette inap-
titude était permanente depuis le début de l'affection chez cet individu, d'ailleurs hépatique,
calculeux, et réellement « atrabilaire ». Je ne
donne pas le détail de trois autres cas, qui paraissent (sauf l'âge et le fait qu'il s'agissait d'hommes
mariés) à peu près exactement calqués sur celui-
ci. Tous étaient des « rateurs ». Faut-il, outre la
névrose, incriminer l'abus du « coïtus reservatus »? Je ne sais, et je préfère donner en note le
détail du dernier cas où l'impuissance était plus
nettement d'origine psychique[1].

1. Il s'agit d'un jeune homme de 23 ans, réformé au conseil
de révision pour une tuberculose qui ne fut sans doute qu'une
pseudo-tuberculose, car l'auscultation la plus attentive ne m'a
jamais rien révélé du côté des sommets. Malheureusement
pour le pauvre garçon, l'attention avec laquelle on l'avait examiné au conseil, sa réforme et une laryngite granuleuse attri-
buable à un abus de tabac, l'avaient persuadé qu'il était « poi-
trinaire ». Entraîné un jour par des amis dans une maison de
prostitution de la ville voisine, il m'avoua, contrairement à ce
qui se passait autrefois, être resté entièrement réfractaire au
« déduit ». Attribuant cet échec à un léger excès d'alcool, il y
revint quelques jours après « pour voir » et y passa la nuit
sans résultat. Persuadé que l'état de ses poumons, qui absor-
bait toutes ses pensées, était cause *directe* de son impuissance,

*Manifestations de l'exagération de l'aperception intérieure dans la vie psychique.* — L'exagération de la conscience des phénomènes dépendant de l'activité psychique proprement dite existe nettement chez le rural. Observant son « moi » d'une manière plus étendue et plus aiguë que l'individu normal, il peut y faire des constatations différentes, suivant qu'il s'examine au point de vue individuel ou au point de vue social.

En tant qu'individu isolé, il peut constater en lui-même son aboulie : ce phénomène, entre tous, le frappe particulièrement, l'aboulie du neurasthénique étant toujours consciente. Il peut se rendre compte aussi de sa tendance aux diverses peurs (toutes relatives à son moi) dont il est sans cesse la victime ; il peut enfin observer chez lui la difficulté de l'attention et un affaiblissement plus apparent que réel de la mémoire, que nous analyserons plus tard. Tous les neurasthéniques ne font pas ces constatations avec la

sa neurasthénie (qui avait débuté après le conseil de révision par une aboulie, une céphalée et une insomnie immédiates) s'en aggrava, et il tomba dans d'interminables ruminations diurnes et nocturnes. Bientôt l'état de ses organes génitaux le préoccupa plus que l'état de ses organes respiratoires; sa famille s'en inquiéta et se décida, sur mon conseil, à le changer de milieu. Boulanger de son état, il alla travailler quatre mois dans une grande ville. Je le vis à son retour; il s'était guéri, m'affirma-t-il, le premier samedi de paye Il s'est marié depuis. Pendant sa période d'impuissance relative, il éjaculait en demi-érection.

même justesse ; mais tous en font au moins quelques-unes, et même chez le campagnard le plus primitif, on retrouve toujours sous un aspect quelconque la conscience et même l'hyperconscience du manque de volonté active.

En tant qu'être social, il peut remarquer son infériorité psychique vis-à-vis d'autres êtres mieux doués. On a pu contester cette infériorité ; mais elle est pour nous indéniable, et les preuves en sont faciles à trouver. Le campagnard primitif — l'homme surtout — a raison de ne pas être satisfait de sa visite en lui-même. Il fut, dans sa jeunesse, un être inutilement sournois et brutal, totalement incapable, bien souvent, de modérer des impulsions longuement dissimulées sans raison. Il conserva longtemps en tant que primitif, l'esprit ancestral de « clan » : on spécifie encore, dans les affiches de fêtes locales, que « le meilleur accueil est réservé aux étrangers ». Il l'exagéra même parfois, en le modernisant de la plus déplorable façon (j'ai relevé dans un village le graffito laudatif suivant d'un adolescent : « le copin se rand mais l'apache se rand jamais et vand pas le frangin. Vive l'apache ! ») et vibra au récit des exploits des rôdeurs embrigadés parisiens. Il fut, au moment de son éveil sexuel, un violent, méprisant profondément la femme — un jouet — et surtout la jeune fille, traduisant sans cesse ce mépris en signes extérieurs (graffiti, gestes ou paroles) non pas obscènes mais orduriers. Au régiment il subit trop incomplètement les effets salutaires de la discipline, et se désadapta de son milieu rural. Et, maintenant rentré chez lui, déshabitué de l'ancienne existence et inapte à la nouvelle, il prend conscience, après qu'un accident toxique est venu créer la neurasthénie dans ce milieu mental préparé par les neurasthénicoles modernes et par la pauvreté de son infériorité intellectuelle, éthique et sociale sans que son aboulie lui permette maintenant d'améliorer son état.

En résumé, l'éducation qu'il a reçue et la névrose dont il est atteint lui ont fait le cadeau inutile et prématuré d'une trop grande aperception intérieure, et lui ont fait perdre la confiance en soi-même, cet aiguillon presque indispensable de la volonté pratique.

Mais ce n'est pas tout : le neurasthénique rural croit aussi à une infériorité imaginaire. Cette croyance a sa source dans l'état psychique normal du campagnard. J'ai entendu souvent des paysans dire à leur mauvais écolier de fils: « Tu ne seras qu'un laboureur, comme ton père ! » Mille preuves démontrent que, depuis des siècles, le paysan *méprise* sa condition. Chez le névrosé cette humilité déplacée atteint souvent son paroxysme: j'ai cité en note le cas d'un jeune homme qui ne se croyait pas digne de se hausser à la condition de colon algérien. Et cette humilité est profondément sincère, quoi qu'on en ait prétendu, l'orgueil n'entrant chez le rural que par une seule porte : l'argent.

Enfin, si la névrose a atteint chez lui le degré extrême, il a conscience de sa passivité absolue. Mais alors, la plupart du temps, la peur de la responsabilité a elle-même disparu, et, dans cet état maximum, le névropathe finit par ne plus s'occuper de son moi psychique, et ne consacre plus qu'aux phénomènes de la vie organique son hyperréflectivité.

Donc le neurasthénique prend conscience par une introspection exagérée :

1° De certains symptômes psychiques de sa névrose ;

2° D'une infériorité individuelle et sociale réelles ;

3° D'une infériorité sociale imaginaire.

Le manque de confiance en soi qui en résulte n'est pas plus un *doute* que la constatation réfléchie de symptômes morbides organiques ou soi-disant tels n'est une *phobie*. Le sujet se constate et se sent inférieur, comme, dans un autre ordre d'idées, il se constatait et se sentait malade. Il souffre en quelque sorte d'un amoindrissement de son être physique et moral.

II. — *Extérieure.* — 1° *Sensations et perceptions.* — L'aperception des phénomènes extérieurs paraît, dans la plupart des cas, devenir chez le neurasthénique à la fois plus étendue et plus complète. Quand on veut l'apprécier, un problème

délicat se pose immédiatement : est-ce la sensation ou l'aperception qui est augmentée ? Le seuil
de la sensation est-il placé plus bas dans l'échelle
ascendante des excitations ? Des recherches expé-
rimentales nous eussent tenté, mais elles n'auraient été possibles que si nous avions eu affaire
à des sujets toujours suffisamment éduqués pour
être exacts, et suffisamment équilibrés pour être
sincères. Or, tel n'était point le cas. Force nous a
donc été de nous en tenir aux faits tels que nos
observations nous les présentaient, et de réunir
dans un seul chapitre consacré aux faits psychiques des phénomènes d'ordre perceptif et d'autres qui n'étaient peut-être que sensoriels. Disons
cependant que la prédominance des premiers sur
les seconds peut, jusqu'à un certain point, légi-
timer cette manière de faire.

En ce qui concerne la sensibilité tactile, nous
n'avons pas constaté l'existence de zones d'hyperesthésie proprement dite. La sensibilité thermi-
que nous a paru — d'abord — augmentée chez
certains sujets, mais nous n'avons pas tardé à nous
rendre compte que l'instabilité du fonctionnement de l'appareil vaso-moteur chez nos névrosés venait à tout instant fausser nos conclusions
sur ce point, si bien que nous ne saurions dire si
les neurasthéniques ruraux perçoivent plus vite les
changements de température ou s'en aperçoivent
plus vite. Ils en parlent davantage : c'est tout ce
que nous en pouvons dire. Quant à la sensibilité

à la douleur, il semble qu'elle soit perçue plus
tôt et plus vivement. Ici, nous avions un crité-
rium, malheureusement trop variable, de son intensité (sinon de sa nature) : le réflexe défensif.
Ce réflexe est généralement exagéré. J'ai vu des
neurasthéniques, dans des moments d'énerve-
ments, menacer, comme font les enfants, quelque
objet animé auquel ils s'étaient heurtés par mé-
garde : mais combien nombreux sont les individus normaux qui le font aussi ! Un de mes malades, chatouillé à la nuque d'un épi que maniait
une toute petite fille malicieuse, lui administra
un formidable et disproportionné coup de poing
dont je fus obligé de soigner les conséquences.
J'ai vu nombre de faits analogues, et je me crois
autorisé à en conclure que le névrosé rural, faible et irritable, réagit plus brutalement à l'excitation douloureuse, plus pénible probablement
chez lui que chez un sujet sain.

Les sensations olfactives proprement dites sont
plus intenses: j'ai parlé, il y a quelques pages, de
ce neurasthénique, impuissant relatif, dont le
réflexe génital s'amorçait, en été, en présence
de toutes jeunes filles: j'ai pu me convaincre un
jour que la sensation olfactive plus encore que
la sensation visuelle amorçait ce réflexe, auquel
le psychisme du sujet (qui ne me parla jamais
« d'odeur de femme ») ne prenait aucune part.
Mais la perception olfactive est elle-même plus
intense aussi: j'ai vu deux femmes de la campa-

gne, assez malpropres et blasées sur diverses
puanteurs, souffrir, une fois névrosées (après une
terrible grippe) de l'odeur de la mare qui crou-
pissait près de la porte, et s'en plaindre à grand
bruit. Généralement aussi l'odeur des aliments
que l'on prépare paraît agir sur l'appétit d'une
façon intense, si bien que je me demande si la
variabilité de l'appétit de beaucoup de mes malades n'avait pas une source olfactive.

Les sensations et perceptions gustatives, dans
lesquelles l'olfaction joue un si grand rôle, paraissent augmentées : la plupart des névrosés ruraux
sont absolument rebutés par des médicaments
(les sulfureux surtout) que d'autres regardent seulement comme désagréables.

Les sensations et perceptions auditives ne m'ont
paru présenter rien de spécial. L'émotivité musi-
cale, phénomène tout à fait psychique, eût été
intéressante à étudier : elle était malheureusement
absente chez nos ruraux. Peut-être chez l'enfant
et l'adolescent la musique semble-t-elle déclan-
cher plus automatiquement le réflexe de la danse.

Je n'ai rien à dire de particulier des phénomènes visuels, sur lesquels des recherches valables seraient si difficiles. Si le regard du névrosé
paraît parfois vague, cela tient à l'état psychique.
L'accommodation cependant paraît se fatiguer
plus vite chez l'enfant : mais c'est là de la fatigue
musculaire.

2° *Émotions.* — Nous avons hâte d'en arriver

au phénomène plus intéressant de la surémotivité du neurasthénique rural, qui ressent plus vivement que le sujet sain les impressions d'ordre
psychique venues du monde extérieur par l'intermédiaire des sens auditif et visuel (parole et spectacle). Elle se manifeste souvent d'une façon
rudimentaire par le réflexe vaso-moteur facial
provoqué par une interpellation directe et brusque : le névrosé appelé ou pris à partie rougit
comme s'il avait encore quinze ans : j'ai observé
ce phénomène chez un tiers des neurasthéniques
étudiés ici.

Moins rudimentaire, cette surémotivité se manifeste surtout, chez le rural, dans toute son am-
pleur, à l'occasion de la « mauvaise nouvelle »,
qui joue un rôle si grand dans la psychologie du
campagnard. La mauvaise nouvelle verbale est
d'un effet bien moins intense que le télégramme
ou la lettre apportant l'imprévu dans une existence monotone, où l'on est peu habitué aux
divers modes de correspondance, et où les choses écrites prennent une double valeur. J'ai vu
la lettre ou la dépêche, inquiétantes même avant
d'être ouvertes, déchaîner après leur lecture,
outre une série incoordonnée de réflexes automatiques défensifs et vaso-moteurs, toute une série
d'actes de mémoire et d'associations d'idées immédiatement extériorisés par la parole ou par le
geste. Ces actes sont exagérés, mais logiques, et
on ne peut employer pour les caractériser le

mot de délire verbal. Ils peuvent être la première manifestation de la névrose : nous savons
déjà quel rôle peut jouer, dans sa genèse, le
traumatisme moral. Ils sont alors immédiatement
suivis d'aboulie : le sujet ne peut se décider à
agir comme l'exigeraient souvent les circonstances, et la peur de la responsabilité, prenant le
mot pour objet, apparaît simultanément. Après
ces phénomènes, nés dans la période de dépression qui suit immédiatement celle où la surémotivité s'est manifestée, apparaissent ceux attri-
buables à l'exagération de l'aperception : l'esprit
se remet à fonctionner, mais fonctionne mal
désormais, revenant sans cesse sur lui-même et
finissant par tourner quelquefois dans le cercle
éternel de la rumination.

La « bonne nouvelle » agit moins fortement que
la mauvaise et ne fait pas naître, chez le neurasthénique, ce sentiment qu'elle provoque souvent
chez l'individu sain : celui de puissance, de plé-
nitude, d'orgueil incitateur à l'action. J'ai vu un
névrosé rural accueillir la meilleure nouvelle
qu'il pût recevoir (celle d'un gain pécuniaire considérable) avec une joie modérée, et s'abstenir
ensuite de se persuader à lui-même et de proclamer
que, « après tout, cela lui était bien dû » comme
n'eût pas manqué de le faire un individu normal.
Le fait est net, presque constant et nous paraît
réduire à néant l'aphorisme connu : « Le meilleur
remède à la neurasthénie, c'est le bonheur ».

Un spectacle inattendu peut aussi, par la voie visuelle, mettre en action la surémotivité du névrosé. La vue d'un accident déchaînera chez lui un flux de paroles et d'idées non désordonné, mais passionné et interminable ; le spectacle d'une mort, par exemple, qui devrait lui être indifférente, provoquera toute une série de considérations inutiles dont il ne fera pas grâce à son entourage. Et bien vite il y intéressera son moi personnel, se situant, en quelque sorte, vis-à-vis d'autrui, victime bien plutôt d'une « nouvelle peur de vivre » que d'une véritable « thanatophobie ». Il en serait d'ailleurs de même pour la nouvelle d'une mort imprévue.

Mais l'imprévu est rare dans l'existence rurale : l'émotivité du névrosé se manifeste aussi dans la vie journalière par la fréquence du phénomène réflexe de la colère : colère en feu de paille, suivie d'abattement et de remords, causes de nouvelles et inutiles ruminations. Cette colère semble être provoquée instantanément par toute excitation un peu vive : elle présente généralement un caractère d'automatisme très accusé. Les réflexions qui la suivent, le remords qui peut en être la conséquence sont donc aussi illogiques que possible, le sujet étant responsable au minimum : cette disproportion est nette, caractéristique aussi. D'ailleurs cette colère n'a jamais de conséquences tragiques, bien qu'elle ne reste pas toujours exclusivement verbale et qu'elle puisse se manifester par des coups. Heureusement pour celui qui en est l'objet, le neurasthénique se repent après le premier coup donné, atténuant ainsi de lui-même les suites de sa fureur. Ces bouffées de colère passagère sont habituellement absentes chez le neurasthénique extrême. Ce dernier réagit peu aussi bien aux faits ordinaires qu'aux faits imprévus, mais il est plus dangereux en ce qu'il peut avoir, interrompant brusquement sa passivité, de rares crises de colère plus violentes et plus prolongées.

Nous n'insisterons pas davantage sur les phénomènes dépendant d'une exagération de l'aperception extérieure. Nous nous sommes contenté de signaler les principaux. Comme on ne peut souvent les évaluer que par les réactions automatiques ou conscientes qu'ils provoquent, comme ils sont à la fois très vulgaires et très simples chez le rural (au sensorium moins développé et moins différencié que celui du citadin) ils ne peuvent ni par leur intensité, ni par leur forme être rangés parmi les symptômes vraiment caractéristiques de la neurasthénie.


## D. — *Dissociation de l'attention.*


La faculté d'attention est normalement insuffisante chez les paysans de la région que nous avons étudiée. Leur esprit, mal tendu par une volonté faible, se disperse assez facilement. Chez le neurasthénique qui est aboulique, elle devient pénible quelquefois. Mais elle est plutôt *dissociée* que diminuée : ce symptôme est heureusement facile à apprécier dans mille circonstances de la vie courante. En dehors de sa valeur diagnostique il est intéressant en ce qu'il peut éclairer le psychologue sur le mécanisme normal de l'attention.

Examinons un cas simple, tel que je l'ai observé. Un campagnard neurasthénique songe à acheter une machine agricole (il s'agissait en l'espèce d'une faucheuse) dont il ignore le fonctionnement. Il se rend à une foire où des marchands d'appareils exposent : il regarde. L'aspect général de la machine le frappe d'abord : il en éprouve un sentiment favorable ou hostile, sans chercher à l'approfondir : cela lui plaît ou ne lui plaît pas. Ce sentiment est exprimé à haute voix à quelque voisin (ce fut le cas), alors que bien souvent il demeurerait subconscient dans un esprit normal. Mais peu importe : le névrosé veut examiner cette machine. Il s'approche, après avoir pensé — ou même dit : je vais l'examiner — s'il parle, il surmonte mieux son aboulie. Celle-ci vaincue, il accomplit tous les phénomènes moteurs nécessaires à cet examen : il suit des yeux les engrenages, la bielle motrice, la barre coupante, les leviers de commande, les manie au besoin, se baisse et se relève : mais si on lui demande ensuite de rendre compte de ce qu'il a compris du fonctionne-

ment de l'appareil, il reste muet, ne trouvant rien.
Il était donc, pendant cet examen, distrait ? Pas
du tout. Les choses sont plus simples : la réalisation du phénomène moteur malgré l'aboulie a
absorbé toute l'énergie nerveuse et, pendant cette
réalisation, les autres facultés et principalement l'association des idées sont demeurées en
suspens.

Naturellement le malade est peu satisfait de ce
résultat, et il essaie de le parfaire. De nouveau
vainqueur, plus péniblement encore, de son aboulie, il se dit (ou même dit) : « J'ai suivi toutes les
pièces, réfléchissons à leur fonctionnement. » Et
debout devant la machine, il la regarde. Son cerveau doit alors accomplir un acte quadruple : acte
d'aperception intérieure des phénomènes vagues
de mémoire musculaire (c'est-à-dire des résultats
de son examen précédent) ; acte aperceptif extérieur (aperception actuelle du mécanisme visible) ;
acte moteur (mouvements dirigés et coordonnés
des muscles oculaires) ; acte associatif des résultat introspectifs (ou idées) obtenus par ces divers
actes. Or, l'acte moteur visuel, réalisé encore malgré l'aboulie, a exigé chez le sujet déjà fatigué
par le premier examen une dépense d'énergie
telle que l'acte aperceptif seul, qui en est la suite
immédiate, a pu être complètement réalisé, et
que l'acte associatif est resté tout à fait rudimentaire. Le sujet absorbé par la nécessité de regarder et de se souvenir volontairement, n'a pu faire

aucune *synthèse* : il n'a pas encore compris.
Lassé, il abandonne la partie.

Mais en route, pendant le retour, et sans que le
sujet le veuille, il arrive que tout s'éclaire d'une
lueur soudaine ; après un peu de repos, toutes les
perceptions emmagasinées par le cerveau s'asso-
cient et s'ordonnent en une compréhension définitive : la synthèse s'offre à l'introspection. Il n'y
a plus ou maintenant d'aboulie à vaincre par une
accumulation de potentiel nerveux sur un point
unique : l'association des idées acquises par l'effort moteur et enregistrées par la mémoire s'est
faite automatiquement, et l'aperception intérieure,
l'introspection qui n'est certes point diminuée
chez le neurasthénique, a fonctionné d'une manière subite et automatique (c'est-à-dire involon-
taire) pour donner à la synthèse une fois faite
l'aspect d'une révélation.

En un mot, le neurasthénique (qui regarde sans
voir et voit sans regarder) est incapable d'actes
psychiques simultanés ou très rapprochés. Il dis-
socie les deux phénomènes fondamentaux de l'attention : l'acte moteur et l'acte intellectuel. S'il
éprouve de la difficulté à faire attention, cette
difficulté, portant d'abord sur le premier de ces
actes, en raison de son aboulie, remet à plus tard
l'accomplissement du second. Mais il est encore
parfaitement capable d'attention, au moins dans
l'immense majorité des cas, et sa *distraction* est
plus apparente que réelle. La distraction vraie,

la véritable dispersion de l'esprit, forme *d'hébé-tude*, n'existe pas chez le neurasthénique qui, au contraire, pourrait être considéré comme un *abs-trait*, en ce sens que s'il ne répond point, par exemple, à une interpellation directe, c'est que toute son énergie psychique est consacrée à ce moment à un acte unique et déterminé. Et c'est précisément à l'instant où il consacre toutes ses forces à l'attention qu'il apparaît surtout comme véritablement distrait aux yeux de l'observateur superficiel. Il y a là une illusion parfois difficile à vaincre [1].

L'attention des neurasthéniques est-elle insta-ble ? Généralement non ; elle restait souvent, chez les sujets observés, très longtemps fixée sur le même objet. D'ailleurs le phénomène de la dis-sociation, rendant successif ce qui est générale-ment simultané ou presque, double le temps nécessaire à sa réalisation complète. Enfin, elle laisse après elle la plupart du temps une sensation de fatigue telle qu'il serait difficile à l'esprit de la porter ensuite sur un nouvel objet.

Le neurasthénique passif, l'aboulique complet, est toujours incapable d'être sérieusement atten-tif.

1. Parmi les hommes illustres, l'aboulique Lafontaine mani-festa bien des traits de caractères qui pourraient le faire con-sidérer comme un neurasthénique caractérisé. Et, fait remar-quable, son état psychique était celui du neurasthénique rural contemporain.

## E. — *Fréquence du phénomène de la mémoire latente.*

La mémoire de l'asthénique nerveux rural paraît être généralement intacte. L'interrogatoire de malades instruits montre qu'ils n'ont rien oublié relativement :

1° Aux faits antérieurs de leur existence, qu'ils aient intéressé leur être physique ou leur être psychique ;

2° Aux connaissances acquises par les traditions, les lectures, l'instruction scolaire ou post-scolaire ;

3° Aux faits récents de la vie quotidienne.

Sur ce dernier point, il ne faut pas être victime d'une illusion qui peut se produire dans l'esprit d'un observateur non averti. Si par exemple cet observateur avait interrogé sur ce qu'il avait vu le neurasthénique (acheteur de machines agricoles) dont nous avons parlé dans le chapitre précédent aussitôt après le premier examen qu'il avait fait de l'objet imposé à son attention, il n'eût obtenu aucune réponse précise, et il n'eût pas eu plus de succès qu'en l'interrogeant sur ce qu'il avait compris. Il eût pu croire alors à une amnésie localisée aux faits récents. Il m'est arrivé à moi-même, à diverses reprises, d'interroger des neurasthéniques sur le sujet qui les intéressait entre les deux actes dissociés de leur attention (acte moteur, acte intellectuel). J'obtenais alors des réponses telles que leur manque de mémoire me paraissait réel, tandis qu'au contraire, conservées hors de leur aperception intérieure, tout un ensemble de sensations musculaires inaperçues se trouvaient emmagasinées. La mémoire de mes névrosés fonctionnait donc à leur insu et à mon insu. Et quand l'aperception intérieure, quand l'introspection pour un certain temps vacante, reprenait son habituellement intense fonctionnement, je pouvais me rendre compte de l'intégrité de leurs souvenirs.

En voici un exemple : un de mes malades se rendit à la ville pour y acheter, un jour de foire, une légère voiture de transport. Il en examina un certain nombre; je lui demandai ce qu'il avait vu : « Je n'en sais rien », me répondait-il; j'insistai; il me dit qu'il ne se souvenait pas de ce qu'il avait vu. Mais deux jours après, à propos d'une voiture que, du seuil de sa porte, nous regardions ensemble passer, il me fit une véritable conférence sur ce qu'il avait vu à la ville et, de comparaisons en comparaisons finit par me décrire le type auquel il s'arrêterait. Il termina en me disant qu'il avait aperçu chez un charron une voiture correspondant à peu près à ce type. Poussé par sa femme, il l'acheta peu de temps après.

Remarquons que, à l'état physiologique, le même phénomène peut se produire. Les actes de mémoire sont chez le sujet normal parfaitement inconscients, car l'effort volontaire n'est pas du tout nécessaire à l'enregistrement d'un fait : ceci est de notion courante. De même les souvenirs qui arrivent parfois involontairement à la conscience ne peuvent être retrouvés en d'autres circonstances malgré le plus énergique des efforts volontaires. Le phénomène est seulement plus fréquent et plus intense chez le neurasthénique, chez qui est très notablement exagérée l'activité automatique des centres nerveux, et il est d'autant plus intéressant à noter chez lui que, vu sa fréquence, il a fait croire parfois à l'amoindrissement, chez un grand nombre de sujets, de la fonction de la mémoire proprement dite [1].

Nous résumerons ces quelques lignes en disant que le « phénomène de la mémoire latente » est généralement plus fréquent et plus intense chez le névrosé que chez le sujet sain.

### F. — *Intégrité de l'association des idées.*

Un autre symptôme — négatif celui-là — doit peser comme tel, d'une manière particulière, dans

---

1. Le phénomène n'est d'ailleurs pas du tout spécial à la neurasthénie rurale. Le candidat à un examen, surmené et souvent neurasthénique accidentel, ne peut souvent répondre la veille de sa présentation devant le jury aux questions les plus élémentaires, et est fort brillant le lendemain devant le même jury. Là aussi, l'automatisme fonctionne seul, et l'aperception est passagèrement vacante.

la balance du diagnostic : c'est l'intégrité de tous
les phénomènes intellectuels qui ont pour base
l'association des idées. Ici, point de doute, point
d'équivoque : l'association proprement dite, la
faculté comparative, le jugement sont intacts.
Bien entendu, il ne faut pas s'en laisser imposer
par la constatation vulgaire que le neurasthénique « manque de jugement » suivant une expression à la fois banale et incorrecte. L'aperception
intense des phénomènes sensoriels ou émotifs, la
peur et l'aboulie font dévier, en quelque sorte,
l'axe du jugement dont les conclusions sont souvent contradictoires au sens commun, de même
que les considérants, mais le jugement, en tant que
jugement, est rigoureusement posé, conclu et souvent énoncé. Beaucoup de nos neurasthéniques ruraux gascons sont même de merveilleux sophistes.

## III

### ÉTAT NERVEUX DES NEURASTHÉNIQUES

Après une longue étude des phénomènes mentaux, un court chapitre serait à consacrer à l'état
nerveux proprement dit des neurasthéniques ruraux. L'étude des signes douloureux et physiques
de la névrose nous a servi d'entrée en matière
fort naturelle à la partie séméiologique de notre
travail : c'est pour eux que le praticien est, pour

la première fois, consulté. L'étude des signes d'ordre purement nerveux (non psychiques) la terminera, car ces signes sont de moindre importance, de moindre fréquence et d'observation plus difficile.

Nous ne reviendrons pas sur les phénomènes sensitifs : il est à peu près impossible d'y démêler ce qui revient à la sensation ou à la perception proprement dite, et de faire le départ dans l'immense majorité des cas entre ce qui est hyperesthésie ou aperception exagérée.

Quant aux phénomènes moteurs, ils sont rares chez nos névrosés. Cependant quelques sujets (6 %, environ) autrefois normaux à ce point de vue, deviennent *tiqueurs* une fois malades. Ces tics peuvent être de diverses natures : contraction spasmodique des muscles de la face (2 cas), oscillation provoquée semi-automatique (car dans un cas, elle était volontaire, en tant que « soulageant » le malade) du pied en position instable (8 cas), vrai simulacre de la trépidation épileptoïde, clignement des paupières (2 cas). Ces tics ne sont pas constants : je les ai vus se substituer les uns aux autres. Trois fois, je les ai vus guérir avec la névrose.

Il y a chez tous les neurasthéniques une exagération plus ou moins marquée du réflexe rotulien, mais l'absence de statistique comparative faite avec des sujets normaux nous empêche d'évaluer exactement sa valeur diagnostique. On peut néan-

moins la ranger parmi les troubles de la neurasthénie.

Nous avons déjà signalé d'autres phénomènes
réflexes (phénomène réflexe cardiaque de la peur,
vaso-dilatation faciale de l'émotivité).

Il n'y a pas de troubles trophiques chez les
neurasthéniques non pithiatiques en même temps.

## IV. — RÉSUMÉ ET CONCLUSIONS.

Il est maintenant indispensable qu'après ce long
exposé, nous résumions en un tableau d'ensemble
les signes et les caractères particuliers de la neurasthénie telle que nous l'avons connue dans le
milieu que nous avons étudié et où nous avons
vécu dans une ambiance si électivement névrosée ; ce tableau se trouvera à la page suivante,
sous une forme graphique suffisamment claire
pour le lecteur.

Nous nous contenterons de faire remarquer ici
que si la neurasthénie a des traits particuliers
chez les campagnards, ils tiennent surtout à sa
psychologie encore primitive par certains côtés
et ont, pour la plupart, le caractère de phénomènes régressifs. Plus un rural est arriéré, plus il
est lent à l'action : s'il est neurasthénique, cette
tendance à retarder, devenue morbide, aboutit à
l'aboulie. Plus un campagnard est primitif, plus
il est craintif : cette peur intermittente devient en

se localisant jusqu'à un certain degré, une peur permanente très personnelle (peur de la responsabilité) car, plus l'homme est primitif, plus il est égoïste et moins il est sociable. Parmi toutes ces peurs, la crainte d'un Dieu méchant apparaît quelquefois comme un substratum fondamental : les religions primitives étaient propitiatoires. Et le névrosé rural réagit par divers fétichismes (peu différents en somme de ceux des peuples-enfants) à ses peurs diverses.

De même la réflexion douloureuse des neurasthéniques paraît être, dans certains cas, la mesure de son inadaptation : et très probablement l'homme des anciens temps n'a réfléchi que parce que, inadapté, il a dû souffrir et se défendre.

Enfin, l'automatisme (qui a été autrefois prépondérant chez l'homme et ses ancêtres de la série phylogénique) devient, sous toutes ses formes, prépondérant chez le névrosé campagnard.

Il est donc logique de regarder par certains côtés la neurasthénie, dans le milieu où nous l'avons observée, non pas comme une névrose désorganisatrice des fonctions cérébrales (ce qui est le cas des diverses formes de l'aliénation) mais comme une névrose de régression.

# Signes de la neurasthénie rurale

## Les premiers symptômes

— Fréquence de l'insomnie et du réveil anxieux.
— Moindre fréquence de la céphalée, cependant courante.
— Importance des troubles digestifs (hypersthéniques).

## Signes psychiques

— Aboulie, souvent consciente avec sensation d'obstacle.

Elle a trois formes évolutives
{
*le retard à agir* (normal chez le rural).
*l'aboulie proprement dite.*
*la passivité.* « Les Désarmés ».
}

— Peur, phénomène complexe, comportant quatre éléments
{
*physique* : angoisse.
*affectif* : souffrance.
*intellectuel* : idées explicatives.
*réflexe* : phénomène de défense.
}

Elle peut être
{
*transitoire.*
*permanente ou prolongée.*
}

Rareté de la phobie (peur à objet fixe chez le névrosé rural). Existence de la claustrophobie.
de l'obsession (peur intellectualisée fixe et permanente).

a) les peurs transitoires sont exagérées mais banales.

b) les peurs permanentes. Leurs conditions.
{
Isolement du « moi » par l'hyperconscience du névrosé.
Conscience de l'aboulie.
Réapparition d'un état atavique rural.
}

Ces conditions en font des peurs de la responsabilité.
{
*devant autrui*
{
sociale. L'approbation maladive.
familiale. Le malthusianisme.
}
*devant soi-même* (exceptionnelle).
*devant Dieu.* Elle est le substratum des autres peurs.
}

Le rural réagit à la peur par
{
*le Fétichisme* (réaction régressive).
*la Recherche de la sécurité* (réaction normale).
*le Doute* (réaction avortée).
}

— Exagération de l'aperception intérieure. La réflexion douloureuse du primitif et du rural. La phrontidophilie du
neurasthénique. La rumination. Elle se manifeste dans :

a) La vie organique. L'hypercénesthésie digestive, cardiaque, circulatoire, origine hypercénesthésique, parfois
de la lassitude musculaire.

Ses conséquences : la maladie imaginaire, et non la
nosophobie, la neurasthénie génitale.

b) La vie psychique. Le sujet s'analyse :

Au point de vue individuel. La neurasthénie consciente.

Au point de vue social : Conscience { réelle.
d'une infériorité        { imaginaire.

— Exagération de l'aperception extérieure. Les perceptions
(souvent indifférenciables des sensations), tactiles,
olfactives, visuelles, gustatives, auditives.

Les émotions { imprévues { Les nouvelles { mauvaise
{ { { bonne
{ { L'accident
{ vulgaires. La colère, feu de paille.

. — La dissociation de l'attention. La « distraction apparente »
du névrosé.
— La fréquence du phénomène de la mémoire latente (phénomène normal exagéré en fréquence et en intensité).
— Signe négatif de l'intégrité de l'association des idées.

### Signes nerveux proprement dits

— Sensitifs.
— Moteurs (les tics).
— Réflexes (exagération des réflexes).

# CHAPITRE III

## La neurasthénie rurale chez la femme et chez l'enfant

### I

#### CHEZ LA FEMME

La neurasthénie paraît s'observer, d'après nos investigations, avec un peu moins de fréquence chez la femme que chez l'homme. Celle-ci paraît être, dans l'ensemble, plus sujette à d'autres névroses et surtout à l'hystérie (quoi qu'on puisse penser, d'autre part, de la valeur et de la signification de ce dernier terme). Nous n'exposerons ici que les traits tout à fait spéciaux de la névrose chez la femme de la campagne, la description d'ensemble précédente étant valable pour elle dans ses traits généraux.

L'insomnie est aussi fréquente que chez l'homme, mais le réveil anxieux est beaucoup plus rare.

Il n'y a rien à noter de spécial pour la céphalée et le vertige, mais la rachialgie existe souvent

(quoique rare chez la jeune fille) et je lui ai vu
revêtir, dans 8 cas, la forme particulière de « la
plaque sacrée ».

Les troubles digestifs ont la même fréquence,
pour ne pas dire la même constance.

La menstruation peut être plus ou moins normale ; l'affection nerveuse ne paraît retentir à aucun degré sur cette fonction. Il n'en est pas de
même si l'on renverse les termes de la proposition ; il paraît exister une exacerbation prémens-
truelle des phénomènes névropathiques ; je l'ai
notée dans une dizaine de cas. Il existe de même
une neurasthénie de la ménopause et de la puberté : ce n'est pas ici le lieu d'en parler.

Les signes psychiques proprement dits sont
les mêmes — mais, fait à noter, l'aboulie affecte
chez la femme une forme un peu différente. Il est
rare qu'elle se borne au simple retard de l'action,
généralement, elle atteint le second degré (aboulie réelle) et, fréquemment même, elle s'établit
d'emblée sous la forme passive (dans 35 %, des cas
d'aboulie). On a la sensation, en observant les
névrosées de cet ordre, que la femme a cessé de
combattre dès qu'elle a senti l'obstacle. On dirait vraiment — mais ceci ne nous semble avoir
que la valeur d'une comparaison — que la rurale,
par un phénomène atavique, plie sans révolte
devant l'obstacle intérieur et devant la volonté
d'autrui.

Les phobies proprement dites se constatent plus

souvent que chez l'homme. Bien plus fréquemment aussi, elles aboutissent à une peur fixe et permanente peu intellectualisée. Il existe même un phénomène qui nous semble tenir à la fois de là phobie et de la peur : on l'observe surtout en été, l'heure du crépuscule étant généralement en hiver une période active, et, pour la rurale, celle de la préparation ou de la consommation du repas du soir. Elle atteint son maximum quand, pour une raison ou pour une autre, la malade se trouve à ce moment isolée (surtout dans une maison éloignée des autres, au sein d'un horizon borné). Après une période de tristesse vague, généralement courte, survient une véritable angoisse, imprécise aussi. Cette angoisse se change en une peur véritable, car la malade l'intellectualise bientôt, cherchant à se rendre compte du phénomène qui se passe en elle. En général, elle ne redoute pas les conséquences possibles d'un isolement auquel elle est habituée ; mais la plupart du temps elle se met à songer au *lendemain*, et à réfléchir douloureusement à son avenir. Cet état de crise accompagné d'une légère céphalée, persiste ainsi un temps plus ou moins long, mais cesse dès que la nuit est complète pour se renouveler souvent d'une façon quotidienne.

En résumé, il y a deux éléments dans cet état douloureux : une angoisse survenant dans l'isolement crépusculaire, image sans doute atténuée de la peur réelle et très naturelle qu'avaient à

la tombée de la nuit les femmes primitives, quand
les hommes de la tribu n'étaient pas encore ren-
trés, et une interprétation plus moderne de cette
angoisse qui prend pour thème la prévoyance indispensable à l'existence matérielle — prévoyance
qui, aux champs, est le fait de l'épouse plutôt que
du mari. J'ai observé cet état chez une vingtaine
de femmes de tout âge, de dix-huit à soixante ans.
Je ne l'ai jamais observé chez la jeune fille. Quant
aux phobies vraies, je connais un cas de claustrophobie, un d'agoraphobie, trois de thanatophobie.

La « peur de vivre », la peur des diverses responsabilités est marquée chez la rurale névropathique. Elle diffère de celle de l'homme en ce que
l'idée de hiérarchie sociale ayant en elle à peu
près disparu, elle ne place son « moi » qu'en
face de ses égaux : tous et toutes le sont. Il n'y
a pour elle qu'un seul maître, souvent nominal :
le mari. Encore ne devient-il le « maître » qu'en
tant que chef de famille, lorsque le couple a re-
produit, car il est rare que dans les ménages
sans enfants la femme se considère comme inférieure à l'homme. La Divinité peut être rangée
aussi parmi les maîtres. Mais un seul être est supérieur à tout, y compris à Dieu : c'est l'enfant[1].

---

1. Cette idolâtrie de l'enfant pourra apparaître, plus tard
comme un trait caractéristique de la civilisation de la fin du
XVIIIe et du XIXe siècle... Peut-être le XXe siècle différera-t-il...
Fait à remarquer : elle n'est pas *secondaire* à la dépopulation
et, bien au contraire, l'a précédée.

La crainte du « qu'en-dira-t-on », la crainte de l'opinion d'autrui atteint chez la femme névrosée une intensité extraordinaire. Elle s'accompagne d'une comparaison perpétuelle et maladive entre ce qu'elle possède ou croit posséder, et ce que possède ou doit posséder autrui. La double appréciation qui en est la base, appréciation personnelle et appréciation étrangère, peut être exacte ou fausse. Elle est le plus souvent à peu près exacte, étant données les habitudes d'introspection des neurasthéniques, et leur vie habituelle dans un milieu restreint, où tout le monde peut s'évaluer et se connaître. De plus la comparaison en elle-même s'opère d'une façon logique. Mais :

1° En tant qu'acte réfléchi, elle est en elle-même douloureuse ;

2° Elle provoque quand elle est défavorable, une réaction d'origine affective exagérée (la jalousie) et, quand elle est favorable, ne donne nullement chez la névrosée le contentement intérieur qui pourrait s'ensuivre chez un individu normal.

Cette jalousie se manifeste donc raisonnablement en quelque sorte ; seule son exagération présente un caractère morbide. Une jeune fille neurasthénique et coquette jalousera sa compagne qui possédera, par exemple, une toilette plus belle que la sienne, mais appréciera exactement la valeur de leurs parures respectives. Comme beaucoup d'autres symptômes neurasthéniques,

cette jalousie n'apparaît donc que comme un phénomène normal non déformé, mais grossi.

La jalousie dont souffre la malade lui fait d'autant plus redouter celle d'autrui. Elle la redoute
même tellement qu'elle craint de la réveiller en
vantant publiquement ses avantages personnels.
Ce fait est intéressant et même parfois caractéristique, la femme normale agissant souvent
d'une manière diamétralement opposée dans le
but d'exciter la rage des personnes envieuses.
La neurasthénique, en proie à la peur, ne s'y ris-
querait pas.

Le souci de l'opinion publique intervient pour
augmenter, chez la rurale, la peur de la responsabilité familiale. Si une femme redoute de ne
pas remplir convenablement ses devoirs envers
les siens, ce n'est pas à cause du jugement de sa
conscience, mais à cause de celui d'autrui. Nous
avons vu que le rural peut avoir un semblant de
conscience morale personnelle : il semble que
chez la rurale cette conscience-là soit infiniment
moins différenciée encore. Je suis convaincu, après
enquête sévère, de l' « amoralité » plus grande
de la femme de la campagne dans la région où
j'ai observé. Il peut arriver (ce qui est moins fréquent qu'on ne le pense), que les facultés affectives soient, chez telle ou telle femme, suffisamment développées, mais un sentiment impérati-
vement édicté par la morale laïque ou chrétienne :
celui de l'amour soit conjugal, soit maternel,

reste malgré tout rudimentaire chez beaucoup
d'entre elles. Il s'agit, avant tout, pour la
femme et surtout pour l'asthénique nerveuse, de
« faire ce qui se fait », de faire, plus exactement
« ce que l'on fait », et de ne pas faire ce que l'on
ne fait pas. Cet instinct, d'ordre grégaire, est
intense parmi la population féminine des champs.
Aussi, dans un milieu ainsi disposé, ne faut-il
pas s'étonner de l'acceptation si générale par les
épouses des pratiques malthusiennes, malgré les
enseignements religieux ou moraux contraires [1].
Il arrive même que la femme préfère aux chances
de grossesse la chasteté relative ou absolue, se
consolant très facilement alors des infidélités de
son mari, dont elle sera dès lors responsable. La
rurale devient frigide de bonne heure [2]; je crois
d'ailleurs la frigidité vraie plus fréquente encore
chez les neurasthéniques, sans que je m'explique
pourquoi.

La maternité n'a sur la névrosée aucune es-

1. Un puissant mobile : l'intérêt, a, depuis longtemps, fait
accepter ces pratiques dans le Gers, le Lot-et-Garonne, et le
Tarn-et-Garonne. Elles sont entrées actuellement dans le cadre
des choses « qui se font ». Dès lors toutes les prédications
confessionnelles ou laïques se briseront contre cet argument
qui restera longtemps péremptoire. La conscience morale, un
peu moins obtuse, du conjoint, eût pu être un obstacle à l'extension du malthusianisme : mais il est certain, et nous n'insisterons pas davantage, que la manière dont se pratique surtout « le restraint » (C. reservatus) permet à l'épouse de l'imposer.
2. L'intérêt est le seul mobile des adultères ruraux.

pèce d'influence favorable : j'ai vu trois jeunes
filles neurasthéniques ne bénéficier en rien d'une
fécondation : bien au contraire. L'effet heureux que
pourrait avoir « l'opothérapie générale » de la
grossesse, effet antitoxique, dirait très justement
le Dr Page, me paraît contrebalancé rapidement
par l'influence psychique déprimante, ouvrant de
nouveaux *loci minoris resistentiæ*, des soucis que
cause l'enfant. La jeune femme se sent responsable de la vie et du bonheur de ce maître des
maîtres, de cette idole, et elle a peur sans cesse
de nuire à sa santé, et même de lui causer le plus
insignifiant des chagrins. Et l'exemple des voisines est là, tenant lieu de conscience personnelle,
imposant tyranniquement « ce qui se fait » en matière d'élevage ou d'éducation. « Mauvaise mère » !
diront les voisines à la nourrice qui, à n'importe
quel cri du nourrisson, ne lui tendra pas immédiatement le sein. « Mauvaise mère ! » répétera
en écho, la « voix intérieure ». Au contraire l'approbation de cette voix, écho de celle d'autrui,
ira avec enthousiasme à la femme qui fera toujours téter le bébé qui pleure, surtout si (comme
j'ai vu faire à certaines) elle pleure en même
temps que lui. Je ne trouve pas de mots pour
exprimer à quel degré en sont arrivées, dans
cette région à natalité restreinte, la sentimentalité et la niaiserie maternelles, et le moins que
j'en pourrais dire pourrait être jugé, si je ne trou-
vais déplacé de le faire dans cette étude, d'une

toute méridionale exagération. Je ne veux citer
qu'un exemple : j'ai vu un enfant de huit ans, malade, refuser de coucher autre part que dans
l'unique grand lit et d'y rester seul. Le père et la
mère (tous deux neurasthéniques) s'y relayèrent
alors pendant deux jours pour lui tenir compagnie, la mère de minuit à midi, le père de midi à
minuit !

Ce que nous avons dit du sentiment de la responsabilité devant Dieu — sentiment devenu pour
chez le neurasthénique — s'applique aussi bien à la
femme qu'à l'homme. Elle réagit aussi à cette peur
par le fétichisme : mais ce fétichisme est moins
simple que chez l'homme et, plus intellectualisé,
prend la forme de superstition. L'homme ne prie
guère : la femme prie pour obtenir, et prie souvent. C'est là d'ailleurs son sentiment religieux à
peu près unique. Et la femme prie surtout la
Vierge, son égale en quelque sorte, en tant qu'é-
pouse et surtout en tant que mère, la traitant
comme une personne à laquelle elle causerait
d'une manière effective. Il est certain que le fétichisme agnostique et éclectique du rural, tremblant encore confusément devant un Dieu vague
et méchant, ne ressemble guère à la superstition
de la rurale qui n'a, pour une divinité qu'elle considère comme son égale, que la peur moins primitive dans son essence que tout neurasthénique
a d'autrui. Mais comme tout cela, malgré les ap-
parences, est loin du christianisme, et même, par

certains côtés, du catholicisme lui-même, ennemi
réel — quoi qu'on en ait dit — de toute idolâtrie !

L'exagération de l'aperception intérieure ne se
traduit pas de la même façon chez la femme que
chez l'homme. La rurale névrosée est avant tout une
hypercénesthésique. Il semble que, dans un cas
au moins, la femme puisse devenir malade imaginaire sans aucune manifestation préalable d'ordre morbide ou simplement anormal. Combien
ai-je examiné de pseudo-métritiques neurasthéniques ? Le phénomène périodique et parfois douloureux des règles préoccupe d'une manière particulière la névrosée, et nous savons d'autre part
combien tout ce qui touche aux fonctions génitales garde chez les primitifs un caractère mysté-
rieux. La neurasthénique devient réellement *tota
in utero*. De plus elle n'entoure pas, comme
l'homme, sa fausse affection d'un réseau de ruminations logiquement enchaînées, mais ces ruminations varient à chaque instant en direction et en
intensité ; elle pense fixement et continuellement
à sa « maladie de matrice » si bien que, lorsque le
hasard veut que l'utérus soit en cause, j'ai vu la
rurale névrosée emprunter tout à fait l'habitus et
le facies d'une mélancolique. Un sentiment singulier de gêne, de honte, vient se mêler à la peur
et, pour employer une expression vulgaire, la malade est absolument « frappée ». Les réponses que
l'on obtient d'elle deviennent mystérieuses, plei-

nes de réticences : chez cette catégorie de malades
l'action psychique que pourrait avoir la parole du
médecin devient presque aussi nulle que chez des
aliénées. Et si on examine à fond les organes génitaux par tous les moyens d'investigation possible, on est, dans beaucoup de cas, frappé de leur
intégrité.

La neurasthénie féminine offre donc un caractère de fixité que ne présente pas la neurasthénie
masculine, en ce qui concerne les phénomènes
hypercénesthésiques. Il en est de même en matière psychique proprement dite. La femme neurasthénique qui, lorsqu'elle est aboulique, devient
rapidement une « désarmée », croit, lorsque l'introspection devient chez elle plus étendue et plus
aiguë, à sa profonde infériorité. Outre qu'elle prend
d'une part conscience d'un certain degré d'inadaptation au milieu social actuel (inadaptation
cependant bien plus facilement remédiable que
chez l'homme), elle s'imagine plus aisément être
coupable ou inférieure aux yeux de ses égales
(coupable et inférieure sont, pour elle, synonymes)
et en souffre très cruellement. A noter aussi un
phénomène particulier ; cette humilité anormale
n'est pas absolument permanente, et des bouffées
d'orgueil, plus ou moins prolongées, viennent parfois en interrompre le cours. Une femme de trente-
deux ans, neurasthénique depuis son mariage et
mère d'un enfant de quatorze ans s'imaginait faus-
sement être atteinte de « maladie intérieure » sui-

vant l'expression commune, et était persuadée
aussi, (et non à tort) que ses voisines à qui elle
avait fait confidence de l'affection l'attribuaient à
des rapports extra-conjugaux. Son mari me l'amena
et, pour essayer la suggestion, je pratiquai, sur
un col sain, deux ou trois tamponnements inutiles.
Je n'obtins aucun résultat de ce traitement psychique, et j'eus l'impression de n'avoir d'ailleurs
aucunement obtenu la confiance nécessaire à son
heureux effet. La malade continua à rester sans
travailler, profondément déprimée, n'accompa-
gnant plus même, comme il eût été nécessaire, son
mari à la ville les jours de marché. « Je suis la
dernière des femmes pour la santé, disait-elle, et
on me croit la dernière pour *autre chose*. » Elle
eut quelques idées de suicide, sans tenter cependant le moindre commencement d'exécution. Je
restai longtemps sans voir ma neurasthénique,
mais j'appris à quelque temps de là d'une de ses
parentes qu'elle était « guérie » : on l'avait trouvée
gaie, de bonne humeur, et comme il avait été question de l'objet de ses plaintes habituelles, elle
avait affirmé en haussant les épaules, « qu'il ne
se trouverait personne dans la localité pour croire
à toutes ces calomnies, et que tout cela n'avait
aucune importance ». J'allai aussitôt vérifier les
dires de la parente, et je trouvai ma malade aussi
déprimée qu'à ma dernière visite. Ces poussées
de gaîté et de confiance en soi-même se renou-
velèrent un certain nombre de fois, interrompant

l'état permanent de dépression. J'ai d'ailleurs observé chez 12 femmes ce que j'ai remarqué chez celle-ci, tandis qu'un seul névrosé m'a paru présenter des phénomènes d'alternance analogues [1].

Les autres signes de la neurasthénie (exagération de la perception et de l'émotion, dissociation de l'attention, fréquence du phénomène de la mémoire latente, etc.) ne présentent rien de particulier en forme ni en intensité chez la femme; ils méritent chez elle aussi, de garder leur rang de signes psychiques importants. Aussi, n'insisterons-nous pas. Tout au plus ferons-nous remarquer que l'émotivité est naturellement moins grande chez les abouliques extrêmes (ce qui est le fait de beaucoup de névrosés), et que la mémoire peut être réellement diminuée en ce qui concerne les faits fréquents non habituels (je l'ai constaté dans deux cas, dont un léger). Je n'ai pas constaté de tics chez la femme. Quant à son instabilité d'humeur, signalée par divers auteurs, ce n'est pas à proprement parler un symptôme, mais bien plutôt la conséquence de ces périodes alternantes de gaîté et de tristesse qui peuvent exister chez certaines neurasthéniques.

En résumé, la neurasthénie féminine rurale est moins fréquente, mais généralement plus accentuée et, à tous les points de vue, moins intellec-

---

1. Il s'agissait cependant bien de neurasthénie légitime, et non de « cyclothymie ».

tualisée et plus fixe que celle de l'homme. Elle offre cependant les mêmes traits essentiels.

## II

### CHEZ L'ENFANT

Existe-t-il chez l'enfant un syndrome méritant de porter le nom de neurasthénie ?

La controverse sur ce point pourrait être longue et faire valoir, pour ou contre, d'aussi valables arguments. Aussi nous en tiendrons-nous à quelques questions portant sur des faits soigneusement observés.

Que dire d'un enfant de douze ans, fils de parents nerveux, mais très normalement constitué quoiqu'un peu débile physiquement depuis une scarlatine grave contractée à huit ans et accompagnée d'une albuminurie passagère, très sociable, ne présentant aucun stigmate caractéristique, et qui :

*a*) Est atteint de terreurs nocturnes ;

*b*) Se plaint souvent de céphalée ;

*c*) A de l'ectasie gastrique spasmodique ;

*d*) A, devant tout travail réel (un devoir à faire par exemple), l'idée qu'il ne pourra pas le conduire à bien, non parce qu'il est au-dessus de ses forces, mais parce que « quelque chose l'empêche de le finir » ;

*e*) Qui tremble, le mot est exact, devant son chef actuel : le maître d'école ;

*f*) Qui, racontant une petite anecdote sur un de ses camarades ne la termine pas, par peur de le « trahir » ;

*g*) Qui, revenant du catéchisme, se demande comment on peut oser, sans crainte de sacrilège, faire sa première communion.

*h*) Qui « sent son dîner lui chanter dans l'estomac » ;

*i*) Qui rougit chaque fois qu'on lui adresse la parole ;

*j*) Qui, « ne pouvant faire attention à tout », se laisse jouer de méchants tours par ses camarades quand il écoute le maître d'école, et qui prétendu distrait, finit par devenir ainsi une sorte de persécuté.

*k*) Qui, s'il est interpellé brusquement, ne se souvient pas de ce qu'on vient de lui dire.

*l*) Qui, sans cause apparente, est alternativement gai ou triste ;

*m*) Qui se pince, perpétuellement, une oreille ; véritable tic.

Est-ce un dégénéré ? Nous avons déjà dit que rien dans les antécédents familiaux ni dans l'état physique ne nous autorise à le croire. Est-ce un simple timide ? Discuter ici serait ergoter sur les mots, la timidité faisant partie de la séméiologie de la neurasthénie. Est-ce un neurasthénique ? Nous penchons pour cette dernière hypo-

thèse : cet enfant présente en effet non pas un
ou deux, mais presque *tous* les symptômes de la
névrose, et si on admet que cette névrose existe,
il n'est pas de cas plus typique que celui de ce
petit garçon.

Voici un autre enfant de cinq ans, celui-là, qui
guérit à quatre ans de grippe compliquée de bron-
cho-pneumonie mais actuellement est en parfait
état et qui :

*a*) A une peur effroyable de son père, homme
pourtant fort peu brutal quoique assez criard ;

*b*) A des insomnies anxieuses ;

*c*) Se plaint vaguement de la région gastrique
ou de la tête :

*d*) Très vigoureusement constitué, craint de
blesser ses petits amis (fût-ce en les touchant du
bout de son doigt), cette crainte touche à la
« phobie » ;

*e*) Ne peut apprendre son alphabet que chez
lui, hors de la présence de l'instituteur ;

*f*) Est déjà qualifié de « distrait » par tout
l'entourage car il est allé à l'école sans cha-
peau ;

*g*) Ne répond jamais aux interrogations brus-
ques ;

*h*) Se gratte, toutes les fois qu'on lui parle et
qu'il répond, le mollet droit.

*i*) A des périodes inexplicables de tristesse.

Il n'est pas plus dégénéré que le précédent, a
eu comme lui, et à tous les points de vue une

croissance normale, n'a pas d'antécédents héré-
ditaires chargés.

Est-ce un neurasthénique ? Pour notre part,
nous ne voyons pas d'autre diagnostic possible.
Il est à remarquer dans la littérature médicale
contemporaine une tendance singulière : celle
d'attribuer à toutes les affections infantiles une
origine congénitale, et à ne pas songer à la possibilité chez l'enfant jeune, d'affections *acquises*.
Ceci est surtout vrai en pathologie nerveuse, où
la dégénérescence semble petit à petit et de plus
en plus tout absorber dans son cadre. On objectera qu'il peut exister des neurasthénies congé-
nitales, des neurasthénies à proprement parler
héritées *ab ovo* des ascendants. On objectera aussi
qu'il ne faut pas opposer neurasthénie et dégénérescence, et qu'il peut y avoir — la question
de l'existence, certaine et vérifiée, de la neurasthénie chez certains dégénérés étant hors de
cause — des neurasthénies par dégénérescence.
Cette dernière question ne sera pas discutée à
cette place. Pour ce qui est du reste, en nous
en tenant aux faits nous admettrons, quoi qu'on
en pense, la possibilité chez l'enfant de neurasthénies acquises à la suite d'intoxications graves
d'ordre infectieux.

Est-ce à dire que tous les enfants abouliques
« distraits » et peureux sont neurasthéniques ?
Qu'on nous permette ici de poser la question sans
la résoudre. La névrose dont nous nous occupons

ne nous apparaît pas comme un syndrome élémentaire, mais comme un syndrome complexe lié probablement à une lésion matérielle ou fonctionnelle particulière. On comprendra donc notre hésitation à faire rentrer dans son cadre des formes rudimentaires ou larvées : ces formes ne devraient être admises, dans une classification nosographique enfin logique, que pour les affections définies par leur pathogénie même. Une bacillose éberthienne ou löfflérienne peut être rudimentaire ou larvée ; un syndrome nerveux, produit par une lésion de fils conducteurs d'énergie bien déterminés, est ou n'est pas, et on n'a pas le droit de le diagnostiquer si l'on n'en observe pas chez le malade tous les *symptomes cardinaux*. Un sujet chez qui manqueraient les grands signes psychiques de *l'aboulie* ou de la *peur* ne saurait — quel que soit d'autre part l'ensemble séméiologique qu'il présente aux yeux de l'observateur — être qualifié de neurasthénique.

Nous pourrions joindre à nos deux observations une troisième, où nous suivions pas à pas l'évolution de la neurasthénie acquise à la suite d'un changement de situation sociale, chez une fille de huit ans et persistant jusqu'à l'âge de seize ans ; mais elle n'offre d'autre particularité notable que la suivante : l'augmentation progressive de l'aboulie à mesure que l'enfant avançait en âge, aboulie qui devint même, après la puberté, une véritable passivité.

En tous cas, nous ne terminerons pas ce chapitre sans protester contre l'habitude qu'on a de
ne point décrire dans les manuels élémentaires,
ou de ne décrire qu'insuffisamment la neurasthénie infantile, qui peut, comme nos observations
le montrent et comme depuis longtemps d'autres
l'ont démontré aussi, être *réelle* et être *complète*.

# CHAPITRE IV

## Formes et diagnostic
## de la neurasthénie rurale
## Son pronostic

Nous avons décrit à la neurasthénie rurale trois formes suivant l'âge et le sexe :

Neurasthénie masculine
—  féminine
—  infantile

mais il resterait à en décrire un certain nombre, suivant la cause présumée de l'affection :

Neurasthénie sexuelle A. de la puberté
—  B. génitale proprement dite
—  C. de la ménopause.
Neurasthénie traumatique A. d'origine physique
—  —  B. —  psychique.

Et enfin, deux formes, suivant l'orientation symptomatique :

Neurasthénie à forme mélancolique
—  paranoïaque.

Cette classification, reposant sur des bases diverses, peut paraître artificielle, mais son grand avantage est qu'elle correspond exactement à la réalité, et qu'à part les formes qui y sont décrites, je n'en ai jamais trouvé d'autres qui soient suffisamment individualisées chez le rural pour mériter une description. C'est ainsi que la neurasthénie des vieillards ne trouvera pas sa place ici : le syndrome psychique de la vieillesse n'étant pas, à la vérité, un syndrome neurasthénique, car le jugement et l'association des idées y sont généralement gravement modifiés dans le sens variable de l'hyperfonctionnement, de l'hypofonctionnement ou de la dissociation.

### Neurasthénie sexuelle

A. — *De la puberté*. — Bien que la femme paraisse présenter, au moment de l'établissement des règles, une transformation physiologique au moins aussi importante que l'homme, la neurasthénie de la puberté atteint principalement les garçons (de même que la neurasthénie infantile). C'est la neurasthénie des jeunes gens de treize à quatorze ans qu'on croit paresseux parce qu'ils sont abouliques, et sournois parce qu'ils réfléchissent trop, mais qui, en réalité, souffrent moralement de *doute*, doute souvent généralisé, que l'individu cherche à localiser sur un point pré-

cis sans pouvoir y parvenir. Le «peut-être bien »
du paysan, cette affirmation toujours incomplète
à laquelle la peur héréditaire l'habitua, prend sur
ses lèvres une signification presque angoissante.
J'ai vu des adolescents se demander un jour
(nous avons précisé dans un autre chapitre ce
qu'était le doute toujours intéressé du neurasthénique) si jamais ils deviendraient tout à fait des
hommes, et, le lendemain, convaincus de leur
transformation virile, douter de tout autre chose
et se poser des questions mentales sur la divinité
du Christ et sur la communion, aux approches de
Pâques. Les symptômes physiques sont fortement
accentués dans cette forme, l'état gastrique surtout.

Le jeune neurasthénique est-il onaniste ? Il
n'est pas toujours aisé de s'en rendre compte, les
ruraux étant peu communicatifs au sujet de ce
genre de distraction. Je crois cependant l'onanisme
solitaire assez rare, les filles étant souvent assez
complaisantes pour permettre aux jeunes amoureux des caresses plus intimes que le « maraîchi-
nage » vendéen, et la procréation seule consti-
tuant la faute [1]. Je ne dirai rien de l'inversion

---

1. Il faut voir les mœurs rurales *telles qu'elles sont* et ne pas
se laisser suggestionner par toute la littérature idyllique que
l'on nous sert encore parfois, ni par les descriptions des écri-
vains naturalistes, finalistes inconscients, qui voient l'instinct
maternel et le désir de fécondité dominer tout l'érotisme rural.

sexuelle qui, dans la région garonnaise, peut être
considérée comme n'existant pas.

B. — *Génitale*. — La neurasthénie *génitale*
existe, toutes réserves faites cependant sur la signification de ce mot. Après avoir hésité, en effet,
à en faire une forme de la neurasthénie, certaines
de nos observations nous ont convaincu que chez
quelques névrosés les préoccupations génitales
paraissaient dominer la scène. Mais c'est tout :
cette forme n'a pas d'autre caractéristique, et ne
nous paraît pas en conséquence mériter de description plus étendue. Ce n'est guère que pour
mémoire que nous la citons ici.

C. — *De la ménopause*. — La neurasthénie de
la *ménopause* affecte au contraire une physionomie spéciale. Elle est fréquente (1/20 environ
des cas de névrose). La rurale a une peur effroyable de la ménopause : elle lui rattache toutes les
affections qui surviennent de quarante-cinq à cinquante-cinq ans ; et pendant dix ans se croit sous
l'influence d'un imminent danger. Tout symptôme morbide en apparence est, à cette époque,
observé, analysé, commenté interminablement.
Aussi la peur de la maladie est-elle caractéristique de cette forme de neurasthénie, dans laquelle
cependant le symptôme cardinal de l'aboulie se
rencontre toujours. L'inertie est même, dans les
cas graves, presque complète, et l'idée fixe de la
maladie, la nosophobie réelle des névrosés vient
avec leur passivité souvent absolue donner à la

neurasthénie de la ménopause une allure tellement particulière que le diagnostic de la maladie avec une psychose véritable peut devenir des plus difficiles [1].

## Neurasthénie d'origine traumatique

A. — *Physique.* — *La neurasthénie traumatique*, suite d'un traumatisme plus ou moins violent, peut s'observer. J'en ai vu personnellement un cas, chez un charpentier, après une chute d'un lieu élevé. La névrose ne parut pas présenter d'autre symptôme particulier que sa fixité remarquable et que son incurabilité absolue: un de mes confrères et moi, avons suivi le malade pendant dix ans, sans observer d'amélioration. Le malade avait, avant ce traumatisme, un système nerveux parfaitement équilibré.

B. — *Psychique.* — L'autre forme de la neurasthénie traumatique, celle qui peut être la conséquence d'un traumatisme psychique violent, s'observe surtout à la suite d'une perte d'argent. Mais, fait qui la différencie absolument de sa congénère, elle est la plus curable de toutes les neurasthénies. C'est elle qui donne parfois le curieux

1. Nous n'avons jamais observé, chez le rural, la neurasthénie du retour d'âge viril qu'a décrite Maurice de Fleury.

spectacle d'une névrose à évolution aiguë chez un sujet parfois peu prédisposé.

### Neurasthénie mélancolique

La neurasthénie à forme *mélancolique* est, nous l'avons dit, très fréquente chez la rurale, et c'est souvent chez elle une névrose de la ménopause. Au sujet de cette forme, une question se pose immédiatement, celle du diagnostic avec la mélancolie véritable. Voici la solution que nous en donnerons sans hésiter, en nous appuyant sur nos 200 observations de neurasthénie : ce diagnostic est parfois impossible parce qu'il paraît exister entre la neurasthénie et la mélancolie de véritables formes de passage. Que dire, par exemple des syndromes suivants (résumé de deux de nos observations)?

1° Femme, quarante-huit ans. Insomnie, céphalée, plaque sacrée, aboulie passive d'emblée. État de résignation à une souffrance morale, qui fut motivée d'abord (perte d'un procès) et qui ne l'est plus (héritage imprévu ayant réparé la perte et au delà) et d'ailleurs qui ne cherche plus à s'expliquer. La malade ne vit plus pour elle, personnalité de peu de valeur, fort peu intéressante (elle le dit très sincèrement) mais pour son mari (le ménage est sans enfants). Elle n'a plus la force, dit-elle, de penser ni d'agir. Elle passe

l'après-midi (une ou deux fois par semaine), en
gémissements permanents. Ni hallucination, ni
délire. Pas d'hérédité vésanique notable. La maladie dure depuis deux ans, en 1905 une grippe
violente l'a considérablement aggravée ; la ménopause vient de s'accomplir, l'état général est
bon.

2° Femme, cinquante et un ans, célibataire. Réveils anxieux, céphalée, troubles digestifs, aboulie
passive d'emblée (à la suite de la perte d'une nièce
morte en couches). La malade qui passe des journées entières assise sans travailler (elle était domestique de son état) s'accuse d'avoir été, par son
oubli d'avoir fait brûler un cierge bénit, pour quelque chose dans la mort de sa nièce. De temps en
temps cette idée se modifie et l'auto-accusation est
celle-ci : « J'ai, par ma faute, manqué ma vie »,
sans qu'on puisse obtenir d'explications complé-
mentaires. Une ou deux fois d'ailleurs, la nuit,
les *morts* (lesquels ?) le lui ont affirmé. L'appétit et l'état général sont assez bons. Tous les
mois, à peu près, pendant un jour où deux, elle
se sent guérie, invective ses voisines qui deviennent, à ce moment-là seulement, la cause de ses
malheurs, et dit qu'elle va se mettre en quête
d'une place à la ville voisine. Elle gère convenablement son petit avoir, et néglige son logement.
La ménopause est accomplie depuis trois ans,
elle s'est achevée antérieurement à l'éclosion de
la neurasthénie.

Nous ne pouvons regarder ces deux cas que comme des formes de passage entre la neurasthénie et la mélancolie proprement dite.

### Neurasthénie paranoïaque

Il existe enfin une neurasthénie rurale à forme *paranoïaque*. J'ai vu des sujets, sans hérédité névropathique, sans rien qui pût faire penser à la dégénérescence, systématiser d'emblée leur inquiétude et ressembler à des mélancoliques anxieux qui trouveraient hors d'eux-mêmes la cause de leur déplorable situation actuelle. Ils se sentent enveloppés de persécuteurs et réagissent quelquefois en persécutant eux-mêmes. Sont-ce de légitimes neurasthéniques? S'agit-il comme pour la mélancolie anxieuse, de vraies formes de transition ? Le petit nombre et l'insuffisance de nos observations ne m'autorisent pas à être scientifiquement affrmatif.

Ce que nous venons de dire des formes de la neurasthénie rurale a une importance considérable au point de vue du diagnostic. Il nous paraît en effet démontré que, dans nombre de cas, l'existence des formes équivoques de la névrose rend ce diagnostic impossible d'avec la mélancolie anxieuse ou les paranoïas, et qu'il n'est pas facile de tracer entre ces affections une ligne de démarcation tout artificielle.

D'ailleurs le diagnostic de la neurasthénie chez le rural ne nous paraît pas — *exceptis exceptandis* — ni plus ni moins difficile que chez le neurasthénique citadin. Comme chez ce dernier et chez la femme surtout, il faudra songer à l'hystérie — névrose moins fréquente chez les campagnards que j'ai étudiés — et songer à la *superposition* possible des deux névroses chez le même individu. Les autres psychoses des dégénérés seront assez facilement différenciées par un examen psychique et somatique suffisamment complet. Surtout, toutes les fois qu'il s'agira de poser un diagnostic en présence d'un névrosé rural, il ne faudra pas oublier que si l'on reconnaît avant tout la neurasthénie à quatre symptômes psychiques cardinaux qui seuls peuvent permettre de caractériser vraiment la névrose chez un malade : l'*aboulie*, la *peur*, les *réflexions douloureuses*, l'*hypercénesthésie*, il faut aussi tenir compte dans le diagnostic de deux faits essentiels :

1° L'intégrité de l'association des idées ;

2° L'instabilité des phénomènes psychiques.

Ces deux faits *seuls* différencient, en effet, la neurasthénie des psychoses vraies. On pourra enfin, utilement, à la lumière d'une analyse suffisamment poussée, rechercher les phénomènes si intéressants de la mémoire latente et de la dissociation de la faculté d'attention.

Existe-t-il, en dehors de la neurasthénie des états neurasthéniques, et faut-il même renoncer à la

conception de la neurasthénie syndrôme ? Nous ne
le croyons pas : nos observations, en tout cas, ne
nous y autorisent pas. Nous nous sommes d'ailleurs déjà expliqué sommairement à ce sujet dans
un précédent chapitre. Aussi nous contenterons-
nous de faire remarquer à nos lecteurs que nous
sommes d'autant moins disposé à dissocier la
neurasthénie, qu'à la lumière d'un examen clinique
patient, pratiqué en dehors de toute idée préconç-
çue sur l'importance ou la non valeur des stigmates ou de tels autres symptômes, nous avons
vu, petit à petit, se former sous nos yeux et se
dégager des faits accessoires le tableau séméiologique de la névrose telle que nous l'avons décrite.
Peut-être n'en est-il pas de même hors du milieu
rural que nous avons étudié.

## PRONOSTIC

Les neurasthéniques ruraux guérissent dans un
tiers seulement des cas, mais mes observations
sont encore trop récentes pour que je puisse affirmer qu'il s'agisse de guérisons définitives.

Ils guérissent *souvent*, et même spontanément:

1° Quand leur neurasthénie est consécutive à
un traumatisme moral (mal du pays par exemple);

2° Quand elle est liée à quelque transformation
physiologique (puberté, ménopause).

Ils guérissent *quelquefois* avec un traitement rigoureux et suivi :

1º Quand leur neurasthénie n'est que le prolongement d'une neurasthénie infantile ;

2º Quand leur état économique s'améliore progressivement ou qu'on les change de milieu.

Ils ne guérissent *à peu près jamais*, traités ou non :

1º Quand ils ont contracté la maladie à la suite de quelque traumatisme physique ;

2º Quand ils continuent à vivre au milieu d'aussi neurasthéniques qu'eux-mêmes ;

3º Quand ils en sont à la phase *passive* de la maladie (ceci n'est vrai que pour l'homme, car la femme pseudo-mélancolique guérit quelquefois).

# CHAPITRE V

## Traitement de la neurasthénie rurale

Le traitement de la neurasthénie chez le rural offre un certain nombre d'exigences particulières tenant au milieu et aux conditions psychiques et matérielles dans lesquelles vit celui-ci; ce traitement est souvent, en raison de ces conditions mêmes, fort difficile à appliquer et ses résultats, comme on vient de le voir, sont loin d'être encourageants.

## I

### TRAITEMENT PROPHYLACTIQUE

Il devrait d'abord être prophylactique, mais il faudrait pour que la prophylaxie ne fût pas un vain mot, que l'état économique du pays se modifiât rapidement et profondément.

*La famille.* — Mais au point de vue psychique,
il serait utile que l'individu, presque toujours prédisposé dans la région dont nous nous occupons,
subit dès l'enfance l'heureuse influence de parents
d'un esprit juste et droit, dépouillés de toute inutile sentimentalité (ce qui n'est pas précisément
le cas aujourd'hui). On constate en effet chez les
parents deux tendances : l'une héritée de lointains
ancêtres, qui est d'agir, en tant que chefs de famille, comme de véritables autocrates, dotés d'un
pouvoir absolu, et l'autre, toute moderne, qui est
de vouer à l'enfant un culte vraiment idolâtre. La
première tendance fait qu'on se montre encore
souvent intraitable sur le chapitre des marques
de respect, l'autre qu'on laisse faire à l'enfant, en
dehors des actes qui pourraient paraître attenta-
toires à la dignité paternelle ou même maternelle,
tout ce qui lui plaît. Élevé avec cette incohérence
complète, fatigué des petits soins absurdes qu'on
lui prodigue, l'enfant se désoriente et s'énerve
rapidement. Peut-on espérer une amélioration sur
ce chapitre ? Il est probable, étant donné les
tendances contemporaines, que l'infaillibilité du
père de famille ne sera bientôt plus qu'un mythe,
mais l'idolâtrie de l'enfant persistera tant que
les familles ne seront pas plus nombreuses. Et
quand repeuplera-t-on ?...

*L'école.* — En attendant, l'école pourrait exer-
cer sur l'esprit de l'enfant un effet bienfaisant, en
le faisant évoluer dans le sens d'une adaptation

meilleure. Mais pour transformer la mentalité
des éduqués, il faudrait inculquer la compréhension des nécessités modernes à leurs éducateurs.
Il serait bon que, d'une part, ceux-ci apprissent
à restreindre le champ de leur enseignement
proprement dit aux notions les plus indispensables : lecture, écriture, arithmétique. Et, d'autre
part, il faudrait qu'ils servissent aux sujets qui
veulent apprendre davantage de simples guides, guides à la manière des dictionnaires bibliographiques qui indiquent sur chaque question
les ouvrages utiles à consulter. Seulement, ils
différeraient des dictionnaires en tant que guides vivants, actifs, initiés par une vie commune
aux besoins, aux habitudes et aux mœurs de ceux
qu'ils enseignent, et prévenant, s'il était nécessaire les interrogations qu'on leur poserait. Ils
auraient besoin pour être à la hauteur de cette
tâche d'acquérir un sens critique et un esprit
scientifique véritables (toutes choses qui leur font
encore trop souvent défaut), et de renoncer au
rôle absurde qu'ils se donnent parfois de direc-
teurs de conscience laïques et de « dispensateurs
de la vérité ». Et il serait indispensable pour
les préparer à ce rôle de moniteurs de gymnas-
tique intellectuelle, de les soumettre dès l'école
normale à de véritables exercices d'assouplisse-
ment mental.

Ainsi modifiés, devenus à la fois initiateurs aux
notions les plus élémentaires et guides d'autodi-

dactes, ils pourraient devenir de véritables libé-
rateurs psychiques : l'âme rurale a, avant tout,
besoin d'être libérée. Il semble qu'un lourd héritage de servitude pèse sur l'esprit du campagnard,
toujours étroitement ligoté par la peur, par la
défiance, par un sentiment permanent d'insécurité douloureuse, prêt à conditionner sa névrose
de tous ces éléments. Ce n'est pas en lui imposant
des dogmes qu'on fera tomber ces liens, et il ne
bénéficiera guère de la substitution d'une superstition scientifique aussi inférieure qu'absolue à une
religion plus haute et plus large. Il faut ouvrir
au primitif, observateur généralement attentif et
précis, les portes et la recherche personnelle, et,
avec un tact infini qui lui donne l'illusion d'agir
seul, ôter de ses pas tous les obstacles du chemin. S'il s'arrête en route, c'est que ses forces
ou sa curiosité ne lui permettront pas d'aller
plus loin. Alors, au lieu de le pousser en
s'adressant à sa mémoire seule et d'exalter ainsi
son orgueil, on l'abandonnera où il se trouve.
Il aura ainsi *librement*, sans être retardé, ni
poussé, pris sa place définitive dans la société
contemporaine ; il sera adapté à la fois à un milieu
et à une fonction. Et s'il lui arrive de souffrir dans
sa vie, comme tout être humain doit souffrir, on
ne lui aura pas enlevé les consolations ataviques
dont son âme avait besoin.

L'éducation et l'instruction ainsi comprises peuvent paraître utopiques : elles ne le sont pas, en tout cas à un degré aussi grand qu'entendues à la manière de ceux qui désirent la réconciliation de tous les esprits dans une seule foi et dans un seul dogme : le leur.

*Le service militaire.* — L'influence nocive parfois de la presse et du livre étant ainsi diminuée par le développement d'un certain esprit critique chez les lecteurs, le jeune homme arriverait à l'époque du service militaire autrement préparé qu'il ne l'est maintenant à la vie nouvelle qui s'offrirait à lui. On a fait, à notre époque, des efforts immenses pour améliorer la vie de caserne : ne pas le reconnaître serait injuste. Le sens de la discipline qu'elle donne est d'ailleurs indispensable à toute société organisée. Mais nous avons constaté que le régiment pouvait être nocif de deux manières : par la vie grégaire, d'une part, et au point de vue pathologique, par la diffusion des affections vénériennes. Nous avons encore envisagé le séjour assez prolongé dans une ville comme une cause de désadaptation possible pour le campagnard. On remédierait au danger de l'existence en commun en évitant d'isoler les individus réellement perfectionnés au milieu d'un groupe trop nombreux de primitifs, où ils risquent, en quelque sorte, de régresser. Comme leur quantité est encore infiniment moins grande que celle des moins civilisés, il y aurait avantage,

non à former d'eux seuls des unités régimentai-
res, mais à les répartir en groupes numériquement supérieurs à ceux des primitifs dans quelques unités. Il est en tous cas fort dangereux,
comme on le fait maintenant, de les répartir en
petit nombre dans beaucoup de sections diverses :
les moins cultivés ne gagnent pas à leur contact,
et eux perdent beaucoup au contact des moins
cultivés.

*L'éducation génitale.* — Quant à la question
de la syphilis, nous disons hardiment qu'elle ne
sera résolue qu'au jour, fort lointain, où l'on son-
gera que la société n'a pas rempli son rôle si elle
n'a pas fait en temps voulu, l'éducation *génitale*
non seulement prophylactique [1], mais complète,
des garçons et même des filles, autant que possible, par exemple, en milieux bien séparés.

En ce qui concerne la désadaptation urbaine,
il faut avouer bien sincèrement qu'il n'y a aucune
sorte de remède. Où prendrait-on le droit d'empêcher l'homme de chercher une vie quelquefois
moins fatigante, mais infiniment plus heureuse?
Et quelle classe sociale oserait s'arroger le droit
d'empêcher? La classe bourgeoise a, la première,
abandonné les champs, et non sans d'excellents
motifs: il ne faut pas en vouloir à la classe po-

---

1. Une éducation purement *prophylactique* (de la syphilis
ou de la blennorrhagie) ne peut être que dangereuse en tant
qu'incomplète et que propagatrice d'une nouvelle « peur ».

pulaire d'en faire autant. Peut-être vaudrait-il
mieux, dans l'intérêt de notre nation, que le
mouvement d'émigration vers les villes — c'est-
à-dire vers l'industrie — augmentât sans cesse,
et que plus tard, industriellement et scientifiquement, on colonisât à nouveau les champs à peu
près abandonnés ! Et sans vouloir préjuger de
l'avenir, nous croyons que les choses (pour une
bonne partie du pays tout au moins) se passeront,
avec quelques variantes locales, de cette manière;
beaucoup d'indices semblent le faire prévoir.

*Le mariage de raison.* — Arrivé à l'époque du
mariage, il serait avantageux que l'homme sût se
choisir une compagne en dehors de toute considération par trop brutalement physique — et que
sa future épouse se rendît compte qu'un premier
attrait sexuel n'impose pas en somme un choix
définitif. Il faudrait aussi que les parents, moins
idolâtres de leur progéniture, eussent le courage
de s'opposer à ce qu'on appelle vulgairement : le
caprice. Nous ne répéterons pas ici ce que nous
avons déjà dit, que l'amour véritable, l'instinct
sexuel complet est infiniment rare aux champs.
Le mariage non d'intérêt, mais simplement de
*raison* aurait, en semblable milieu, de nombreux
avantages. Les parents — surtout s'ils sont neurasthéniques — sont malheureusement bien loin
de remplir le rôle de conseillers à la fois aima-
bles et consciencieux.

L'éducation de la femme — qui est, même au-

jourd'hui, plus réellement pratique que celle de
l'homme (car, malgré leur vanité, les jeunes femmes de la région deviennent d'assez bonnes mé-
nagères)—gagnerait, au point de vue théorique, à
s'inspirer des idées que nous avons déjà exposées.
Il y aurait peut-être avantage à ce que l'éducation fût la même pour les deux sexes : le mariage.
deviendrait ainsi, plus tard, un contrat librement
et sincèrement passé en égale connaissance de
cause, par les deux conjoints en vue de l'avenir
des enfants à naître.

*L'amélioration de l'état économique.* — Toute
la prophylaxie dont nous venons de parler ici
est surtout générale. Y aurait-il à envisager pour
la région que nous avons étudiée ici, une prophylaxie locale ? Nous en sommes persuadé, mais,
étant donné ce que nous avons exposé au chapitre des « Causes et conditions » elle devrait
surtout être d'ordre économique, et supprimer le
traumatisme moral, permanent en quelque sorte,
qu'engendre l'appauvrissement. Nous nous sen-
tons incapable aussi bien à ce point de vue local, qu'au point de vue général, d'entrer dans le
détail de questions économiques : la dépopulation
progressive vient d'ailleurs compliquer singuliè-
ment le problème. Cependant, je dois déclarer
qu'au point de vue spécial de la région et d'après
l'avis de gens compétents, le libre-échange à
peine tempéré aurait d'heureuses conséquences.

Malheureusement, la diminution progressive

de la natalité ne paraît pas près d'être enrayée.
Ses conséquences fatales au point de vue du travail et de l'éducation nationale s'exerceront longtemps encore, désadaptant et isolant toujours
davantage le paysan, surtout dans les départements les plus cruellement atteints par ce mal.
Je n'y vois, pour le moment, qu'un remède : l'immigration étrangère. Ce remède est d'ailleurs
déjà usité dans le Tarn-et-Garonne et dans le
Gers, où commencent à affluer et à se reproduire
intensément quelques colonies espagnoles. Mais
il faudra encore quelque temps pour que l'on
soit fixé sur sa réelle valeur.

Il existe donc — et nous venons de l'exposer
dans ces quelques pages — une prophylaxie psychique, individuelle et sociale, de la neurasthénie.
Tout autre que le médecin peut la mettre en
œuvre, et nous avons vu quel rôle important
pouvait y jouer au point de vue individuel, l'éducateur, et au point de vue social, l'Etat, maître
des destinées économiques d'une nation. Mais il
existe aussi une prophylaxie d'ordre médical dont
l'utilité, quoique moindre, est néanmoins certaine.

Le médecin peut agir de deux façons :

1° Comme hygiéniste, en enrayant l'action des
causes toxiques ou infectieuses et en surveillant
l'alimentation ;

2° En tant que praticien, en reconnaissant de
bonne heure les prédisposés psychiques, en fai-

sant le diagnostic des neurasthénies infantiles, et
en écartant d'une ambiance, ou trop névrosée
ou trop infectée, les enfants et les prédisposés.

## II

### TRAITEMENT CURATIF

Néanmoins une semblable prophylaxie, d'ailleurs banale dans sa première partie, et souvent
impraticable dans sa seconde, risque d'être inefficace dans un grand nombre de cas. Le médecin
de campagne ne soigne d'ailleurs que ceux qui
vont à lui, et ne voit guère que des névrosés
anciens ou intenses. Force lui est donc d'entreprendre presque toujours le traitement d'une neurasthénie confirmée.

*Méthode générale.* — Si le médecin débute dans
la pratique et qu'il consulte pour fixer sa ligne
de conduite un formulaire ou un gros traité, il y
verra d'abord signalés une foule d'agents médicamenteux, de nature végétale, minérale ou même
animale (cérébrale surtout) dont le nombre l'ef-
fraiera. Puis, l'expérience et la lecture d'ouvrages d'auteurs spéciaux et réellement empiriques
— au bon sens du mot — le convaincra de l'utilité réelle d'un petit nombre de médicaments,
parmi lesquels il distinguera avant tous, le phos-
phore, l'arsenic, l'azote même sous diverses for-

mes, médicaments utiles dans presque tous les cas. Ensuite, il se persuadera de ce fait que si ces trois corps simples de la même série sont utiles, ils ne sont pas cependant curatifs, et qu'il faut pour guérir un neurasthénique avoir recours à autre chose. Alors, interrogeant de près son malade, il cherchera à quelle intoxication rattacher sa névrose et, même dans le cas où cet interrogatoire ne l'aura pas renseigné, il pourra lui arriver d'avoir des surprises : j'ai vu guérir par la théobromine assez prolongée un névrosé que rien (pas même l'examen complet des urines) ne permettait de regarder comme atteint d'insuffisance rénale. Mais s'il parvient à trouver une cause toxique actuelle ou originelle, il agira dans ce sens, cherchant à détruire le parasite ou à chasser le poison : il est parfaitement inutile que je reprenne ici la liste de toutes les intoxications possibles et de leurs traitements. Dans ces cas, il ne peut espérer guérir la neurasthénie qu'en s'ingéniant à diagnostiquer une autre affection.

Et surtout, il aura la patience d'étudier le rapport qui existe entre l'alimentation d'une part, et l'organisme de l'individu ainsi que le travail fourni par lui de l'autre. Ce sera pour lui une question de sagacité clinique, car, évaluât-il la balance à la main la ration du sujet en calories, et pesât-il celui-ci tous les jours, un coefficient manquerait toujours à son évaluation : celui — si j'ose m'exprimer ainsi — de la nutribilité réelle

des organes et des muscles de l'individu. Une
telle pratique, même très limitée, serait impossible à la campagne. Une fois ce rapport à peu
près évalué, il aura grand avantage, si le malade digère suffisamment (et même souvent s'il
digère mal) à prescrire une suralimentation progressive et légère, toujours suffisamment azotée.
Il sera d'ailleurs prudent de surveiller d'une
manière permanente l'état des putréfactions intestinales, et les neurasthéniques, à ce point de
vue, se trouvent généralement bien de cures
plus aisées à mettre en pratique à la campagne
que celle des ferments lactiques préconisée par
Metchnikoff : la cure de petit lait et surtout la
cure de raisins. Le calomel, un jour par mois, à
dose réfractée ou massive suivant que le sujet est
« atrabilaire » ou non, rendra souvent d'inappré-
ciables services.

Si le praticien est parvenu, après avoir mis son
malade (quelque rural défiant!) en confiance par
les bons effets immédiats et provisoires de divers
médicaments, à le désintoxiquer, il pourra se fé-
liciter d'avoir fait un grand pas thérapeutique.
Mais il lui restera à confirmer et à achever la guérison, encore souvent incomplète. C'est alors —
mais alors seulement — que les agents physiques,
seuls réels *toniques*, interviendront utilement. On
pourra, à la rigueur, user des douches ou du drap
mouillé, mais rien ne vaudra le bain un peu au-
dessous de la température du corps (de 3° au

plus), bain de sept à huit minutes, donné hiver comme été, suivi d'une énergique friction à l'eau-de-vie fortement salée. Mais à partir de trente-cinq ans, il vaudra mieux supprimer le bain et user d'une simple friction alcoolique non chlo-rurée cette fois, mais toujours énergique. Bien en-tendu, on imposera, comme exercice physique, la marche aux sédentaires — mais on fera reposer ceux qui abusent ordinairement de leurs muscles. Enfin, si on a envoyé son neurasthénique dans un milieu urbain suffisamment outillé, il retirera les meilleurs effets du bain statique assez longtemps continué[1].

Nous ne voyons absolument aucun inconvénient à user, en dehors de ces agents médicamenteux dominants, d'une thérapeutique symptomatique; à user de véronal contre l'insomnie et même d'un peu de teinture ou d'extrait de digitale contre les palpitations angoissantes par exemple. Mais cette thérapeutique-là ne doit avoir qu'un but : aider la thérapeutique psychique. Elle doit être provi-soire et ne servir qu'à créer d'une façon complète la confiance du malade en son médecin dès le début du traitement, et à l'entretenir quelquefois dans la suite, surtout aux menaces de rechute. On ne peut donc la considérer que comme prémoni-toire et épisodique.

La thérapeutique psychique de la neurasthénie

1. Les injections d'eau de mer donnent aussi de bons résul-tats à cette période.

rurale paraît, au premier abord et étant donné les sujets auxquels on s'adresse, être d'une extrême difficulté. Or, il ne faut qu'un peu de bonne volonté pour la mettre en œuvre. La confiance s'acquiert par un léger traitement symptomatique et par la patience : il sied d'accepter sans broncher les explications les plus diffuses et les plus bizarres. La confiance une fois acquise, il faut bien se garder de croire à la nosophobie chez le sujet traité, et accepter sans sourciller le diagnostic de sa maladie imaginaire. Il est bon de confirmer ce diagnostic et de se mettre, en apparence, à traiter l'affection indiquée, tout en mettant en œuvre la cure de désintoxication. Si le malade est intelligent, on pourra dès lors la présenter comme un traitement accessoire et, de visite en visite, réduire de plus en plus le temps consacré à s'occuper du soi-disant traitement essentiel (c'est-à-dire celui de l'affection imaginaire) pour porter, sans heurt et progressivement, l'attention tout entière du patient sur le traitement antitoxique. Une grosse amélioration pourra déjà être constatée dans l'état physique du malade, mais l'état psychique ne sera pas encore parfait. C'est alors qu'on pourra faire prévoir pour bientôt la guérison des phénomènes psychiques dont se plaint encore le patient, qu'on interprétera devant lui comme de simples signes de « faiblesse ». Et le traitement de cette faiblesse » par les agents physiques achèvera la guérison.

En un mot, il s'agit :

1° D'acquérir la confiance complète ;

2° De détourner l'attention de l'affection imaginaire ;

3° De faire comprendre sa manière d'agir et d'en prophétiser les résultats en se mettant au niveau de la mentalité du malade.

Mais cette méthode curative, longue et compliquée, est moins efficace que la plus simple, mais quelquefois la moins applicable de toutes : le changement de milieu [1]. Il ne faut pas oublier quelle est l'influence énorme de ce milieu dans la genèse de l'affection : nous y avons, au chapitre des « Causes », consacré de longues pages. Conditionnée par l'ambiance, la neurasthénie se désoriente hors de cette ambiance. Mais si le médecin impose le changement de milieu, il faut bien qu'il se persuade que cette manière d'agir ne le dispense pas de la partie psychique du traitement et qu'il ne doit, sous aucun prétexte, négliger la partie antitoxique.

*Traitement des formes.* — Chaque forme de la neurasthénie demande-t-elle à être traitée différemment ?

Non, s'il s'agit de formes étiologiques (sexuelle ou traumatique) proprement dites.

Oui, s'il s'agit de formes en rapport avec le

---

1. Nous ne disons rien de l'« isolement » inapplicable dans une clientèle rurale et pauvre.

sexe ou l'âge du sujet (N. de la puberté, N. de la ménopause, N. féminine ou infantile, N. mélancolique ou paranoïaque).

La neurasthénie féminine pourra être dans certains cas sensiblement améliorée par les opothérapies thyroïdienne et surtout ovarienne ; j'ai observé quelques effets excellents de ce mode de traitement. Malheureusement la difficulté du diagnostic des insuffisances fonctionnelles de ces deux glandes à sécrétion interne, s'accroissant de la peine que l'on a à se renseigner sur les signes subjectifs exacts dont souffre une rurale souvent très déprimée, fait qu'on sera sans doute obligé longtemps encore de procéder par tâtonnements. Comme médicaments plus vulgaires, l'arsenic (cacodylate ou arrhénal) me paraît agir sensiblement mieux que les composés phosphorés. Enfin, chez la femme surtout, l'électricité statique est parfaite à condition que l'état de la malade soit déjà notablement amélioré. Le traitement psychique est moins efficace que chez l'homme.

La neurasthénie infantile est justiciable d'un traitement un peu particulier. Au point de vue mental, il peut être bon de supprimer l'école, et surtout de faire séjourner quelque temps l'enfant non pas même chez des parents, mais chez des étrangers (j'eus dans un cas — enfant de cinq ans — succès complet). Au point de vue médicamenteux, je crois que l'on trouverait plus de ressources dans les phosphorés que dans les arsenicaux

si l'on a affaire à un organisme en état de croissance. Mais, bien entendu, la cure antitoxique est
toujours de rigueur. Je n'ai fait l'essai d'aucune
sorte d'opothérapie.

La neurasthénie de la puberté ne paraît pas bénéficier du changement de milieu à un degré aussi
grand que les autres formes de l'affection. J'ai remarqué que l'adolescent névrosé s'ennuyait partout
et l'expérience m'a convaincu, en effet, de la quasi-
inutilité des déplacements. Mais il est au point
de vue psychique très influençable et, une fois la
confiance acquise, devient, contrairement à ce que
l'on s'imaginerait, un malade très docile. On peut
donc agir utilement, et tonifier son esprit par des
paroles encourageantes. Il faut, par exemple, bien
se garder de prescrire les exercices violents et surtout sportifs (bicyclette, foot-ball) dont la passion
ne sert qu'à déséquilibrer complètement les névropathes et ajoute aux autres intoxications endogènes celle du surmenage : dans les conditions les
plus humbles et sous l'influence de la mode, le
jeune rural n'y est que trop prédisposé ! Les composés arsenicaux pourront être utiles, surtout en
injection sous-cutanée (à notre avis l'arsenic ne
devrait jamais être prescrit *per os*) ou rectale à
la rigueur. Mais il faudra surtout ausculter soigneusement les sommets, visiter le nez et le pha-
rynx, prendre au besoin la température vespérale
pendant quelques jours, aussi bien chez la jeune
fille que chez le garçon, et agir en conséquence.

Enfin il faudra oublier deux médicaments dangereux dans ce cas et dans bien d'autres : les bro-
mures divers et la strychnine.

La neurasthénie de la ménopause s'améliore
peu, chez les campagnardes souvent entêtées et
croyant déjà à leur « vieille expérience », par
l'influence psychique du médecin. La croyance à
la « maladie intérieure » qui s'établit à ce moment-là devient à peu près indéracinable. On
obtient avec tous les médicaments des succès,
mais au bout d'un temps si long qu'on peut tout
aussi bien les attribuer à la remise en équilibre
naturelle de l'organisme et du cerveau après la
période critique. L'opothérapie ovarienne a paru
améliorer une de nos malades. Disons ici qu'il
faut toujours examiner, pour ne pas attribuer à la
ménopause une névrose qui est née d'une autre
cause, la bouche de la rurale, surtout à partir de
quarante ans. Il arrive bien souvent qu'on y dé-
couvre des gencives suppurantes autour de chi-
cots infects : double cause d'intoxication, de douleurs névralgiques, et même de troubles digestifs
variés. Le dentiste dans ce cas, guérit quelquefois
la neurasthénie. Il faut éviter aussi d'attribuer au
« retour d'âge » ce qui dépend des ptoses diverses. On ne saurait les rechercher avec trop de
soin. Il faut enfin pratiquer à deux ou trois reprises un examen génital complet. Je résumerai
ma manière de voir en disant que pour ne pas
regarder à tort comme physiologique une neuras-

thénie survenant entre quarante-cinq et cinquante-cinq ans, il faut rechercher systématiquement chez la rurale ce qui *tombe* et ce qui *suppure*.

La neurasthénie à forme mélancolique n'est guère influencée non plus par le traitement psychique. Elle est, avons-nous dit, réellement curable — mais il faut s'adresser à des médicaments symptomatiques énergiques. La malade est insomnique : on la fera progressivement dormir, un peu plus chaque nuit, en lui montrant de ce côté les résultats positifs d'un traitement qu'elle croyait inefficace : l'effet de cette manière d'agir sera à la fois suggestif et reposant. L'opium (complété par un laxatif) sera meilleur que le véronal ou les autres hypnotiques. L'alcool agira de même (médicament tonique immédiat, donc suggestif et tonique) et rendra de grands services. Mais ici comme ailleurs, il sera avant tout utile de mettre en œuvre tous les moyens, opothérapiques au besoin, de désintoxiquer l'organisme.

La neurasthénie à forme paranoïaque, dont nous avons observé peu de cas, est un fait assez exceptionnel ; on se heurte dans son étude à de grandes difficultés diagnostiques. Aidé d'un aliéniste appelé en consultation, on pourra tenter un traitement de commun accord — mais sans rien promettre et sous toutes réserves.

En résumé la neurasthénie rurale se traitera au point de vue médical :

Psychiquement : en gagnant la confiance du

malade, en détournant progressivement son attention et *en se faisant comprendre*, autant qu'il sera
possible.

Pharmaceutiquement :

1° Dans une première phase, dès la première
visite, en s'aidant de médicaments symptomatiques
qui « donnent la foi » ;

2° Dans une deuxième phase, en désintoxiquant
autant que possible, l'organe malade ou l'organisme entier (c'est la phase antitoxique et opothé-
rapique) ;

3° Dans une troisième, en tonifiant l'état général par les arsenicaux, les phosphorés, les azotés
(légère suralimentation) et les agents physiques.

Pratiquement, le médecin de campagne doit
se persuader avant tout qu'il ne guérira jamais
*un seul* de ses névrosés si, dès le début, il leur
déclare qu'ils sont des nerveux et des imaginaires :
pour être cru du malade, pour obtenir de lui qu'il
se fasse assidûment soigner, il est indispensable
que le praticien paraisse traiter une affection réellement existante et non pas simplement nerveuse,
mais organique ou dyscrasique ; c'est d'ailleurs, en
fait, ce qu'il fera le plus souvent.

# CONCLUSIONS GÉNÉRALES

La fréquence de la neurasthénie à la campagne est extrême dans certaines régions. Cette neurasthénie s'y présente sous une forme conditionnée par le milieu et par la psychologie des habitants : c'est ainsi qu'elle apparaît comme la douloureuse expression psychique d'une exagération passagère de l'inadaptation originelle. Mais si cette inadaptation la conditionne, l'intoxication seule est capable de la créer (sans quoi tous les inadaptés seraient neurasthéniques).

L'affection, en dehors des symptômes non psychiques dont on rangea certains, autrefois, au nombre des stigmates (mot qui devrait disparaître de la nosographie) se manifeste comme une névrose séméiologiquement caractérisée par l'hypofonctionnement de l'activité psychique la plus élevée : la volonté, et par l'hyperfonctionnement de toutes les autres activités psychiques et surtout des activités réfléchies (hyperconscience, hypercénesthésie).

En plus de cette déséquilibration simplement

quantitative [1] de l'activité cérébrale, on démêle encore dans sa séméiologie, surtout chez le primitif, des phénomènes d'ordre éminemment régressif dont la peur est le plus caractérisé.

Elle est facile à diagnostiquer dans beaucoup de cas, à condition que le médecin, observateur appliqué, fasse œuvre non seulement d'analyste, mais de psychologue, et se rende compte qu'il faut rayer de la terminologie séméiologique de l'affection les mots d'obsession, et peut-être aussi ceux de phobie et de doute [2]. Malgré toute cette rigueur d'analyse, il ne pourra pas toujours tracer cependant une ligne de démarcation nette entre la neurasthénie et la mélancolie.

D'un pronostic relativement sérieux, elle bénéficie d'une thérapeutique psychique, médicamenteuse et diététique attentive, mais demanderait surtout à être prophylactiquement traitée.

Quel sera son influence — nous avons le devoir de nous le demander — sur les destinées du pays entier, si elle s'étend de région en région, à mesure que s'accroîtront, aux champs, la dépopulation et l'appauvrissement qui en est la suite ? Évidemment désastreux. On a parlé déjà « d'abais-

---

1. Dutil parlait quantitativement quand il disait : la neurasthénie est un amoindrissement conscient de la personnalité morale (*Traité de pathologie mentale*, de Gilbert Ballet), et donnait une définition admirable, mais malheureusement incomplète, de la névrose.

2. C'est là aussi l'opinion de Gilbert Ballet, *loc. cit.*

sement de la conscience publique » : le terme est
en somme assez impropre ; il serait plus exact de
constater que le régime psychique de la peur
permanente et de l'aboulie peut, en se générali-
sant dans les classes rurales, tarir à sa source
l'énergie d'une nation.

Nous avons dit que chercher à enrayer le mouvement vers les villes est une tâche presque
irréalisable et peut-être illégitime. Ne vaudrait-
il pas mieux l'encourager[1], et hâter le dénoue-
ment de l'équivoque situation actuelle ? Osera-
t-on ? Je ne le crois pas.

Osera-t on enseigner, au lieu d'une morale
étroite, par trop hédoniste et utilitaire[2], une morale plus haute[3], qui tiendrait à faire de l'indi-

---

1. Les villes s'assainissent chaque jour, et sont incontestablement le milieu le mieux adapté à l'existence humaine. L'homme
se groupa toujours en cité. Malheureux ceux qui, comme en
Gascogne, isolent leurs demeures au milieu de leurs biens
personnels, et font de leur moi économique et moral le centre
du monde !

2. Paul Janet (*Philosophie du Bonheur*) dit excellemment :
« La plupart des rêves qu'avaient imaginés dans la première
moitié de ce siècle les inventeurs d'utopie se sont en grande
partie évanouis. Mais de ces rêves et, il faut l'avouer, des traditions de notre pays, a subsisté et subsiste encore l'idée fon-
damentale d'un patronage universel de la société sur tous les
individus... Elle veut, elle agit pour l'individu... Son principal
objet est d'assurer l'égalité de jouissance entre les hommes?
C'est là un rêve que nous ne saurions partager.

3. Ce ne serait certes pas celle de Chateaubriand qui écrit,
dans *Atala* : « C'est une de nos grandes misères, nous ne sommes même pas capables d'être longtemps malheureux. »

vidu un orgueilleux au bon sens du mot (c'est-
à-dire un être conscient de sa force), un indépen-
dant et un véridique, et pour tout dire l'inverse
d'un neurasthénique? Je ne le crois pas davantage. L'égoïste Nietzsche a voulu faire de cette
morale le privilège de quelques-uns : sans voir
qu'elle pouvait être — et qu'elle avait déjà été
— enseignée à tous.

Osera-t-on enfin, montrer à cet homme — et ce
sera le meilleur contrepoids de cet orgueil et de
cette indépendance qui pourraient être dangereux
sans profit (et même, quoi qu'en prétende le « *Zara-
thustra* » allemand, dangereux pour la « Beauté»)
— sa place infime et le peu d'importance de ses
actes devant l'univers, la vanité réelle, devant
l'Infini, de ses aspirations et de sa Science? Osera-
t-on ainsi le ramener bien souvent au mysticisme
et à la foi [1]? Cela n'est guère probable non
plus.

Quoi qu'il en soit d'un avenir qui démentira
peut-être toutes nos hypothèses, il est certain que
d'ores et déjà, le conseil le plus utile à une région

---

1. « Ils étaient des créateurs ceux qui créèrent les peuples
et ceux qui suspendirent au-dessus des peuples une foi et un
amour : ainsi ils servaient la vie. Mais ce sont des destructeurs
ceux qui tendent des pièges au grand nombre et qui appellent
cela un état ; ils suspendent sur eux un glaive et cent appé-
tits. Ils n'ont au fond qu'un désir, que personne ne leur
fasse du mal ; cela s'appelle vertu et c'est de la lâcheté ».
(Nietzsche )

et même à un pays que, dans certaines classes, envahit de plus en plus l'aboulie, serait celui que donna, en une phrase définitive, le penseur dont nous avons déjà parlé dans cette page : « Il faut vivre dangereusement. »

FIN

# TABLE DES MATIÈRES

|  | Pages |
|---|---|
| **Préface** | 1 |
| **Introduction.** — Que faut-il entendre par neurasthénie ? | 7 |
| Valeur du mot: Neurasthénie. | 7 |
| La neurasthénie syndrome psychique. | 15 |
| **Chapitre premier.** — Causes et conditions de la neurasthénie rurale. | 25 |
| Sa fréquence locale. | 25 |
| Sa répartition suivant les sexes. | 27 |
| Etat ethnique, économique, pathologique et hygiénique de la région étudiée | 28 |
| La neurasthénie rurale est-elle un mal contemporain ? | 33 |
| I. — *Conditions et causes psychiques* | 35 |
| *A.* — Rôle de l'inadaptation et de la peur (causes valables pour tous les temps et tous les lieux) | 35 |
| *B.* — Causes spéciales à la région et à l'époque | 36 |
| La neurasthéniculture : | 52 |
| 1° Familiale | 52 |
| 2° Scolaire. | 53 |
| 3° Littéraire | 57 |
| Le service militaire obligatoire | 62 |
| Le mariage. Etat mental des femmes | 65 |

Résumé: Action brusque de toutes les causes à retentissement psychique. . . 69

C. — Absence de remèdes d'ordre psychique. 73

II. — *Causes physiques.* . . . . . . . 75

La consanguinité . . . . . . . . 76

L'insuffisance alimentaire . . . . . . 76

Les intoxications :

1° Intoxications parasitaires spécifiques. . . . . . . . . . . 82

2° Intoxications parasitaires locales. 84

3° Auto-intoxications . . . . . . 86

4° Intoxications non parasitaires. . 90

**Chapitre II.** — Signes de la neurasthénie rurale 92

I. — *Les premiers symptômes.* . . . . . 92

Fréquence de l'insomnie et du réveil
anxieux . . . . . . . . . . 92

Moindre fréquence de la céphalée . . . 93

Importance des troubles digestifs hypersthéniques. . . . . . . . . . 93

II. — *Signes psychiques.* . . . . . . . 95

A. — Aboulie souvent consciente avec sensation d'obstacle . . . . . . . . 96

Formes évolutives de l'aboulie . . . . 99

B. — La peur, phénomène complexe. Ses
quatre éléments . . . . . . . . 100

Rareté de la phobie. . . . . . . . 102

Rareté de l'obsession . . . . . . . 103

Les peurs permanentes. . . . . . . 105

Peur de la responsabilité :

1° Sociale. . . . . . . . . . 108

2° Familiale . . . . . . . . . 114

3° Devant soi-même . . . . . . 118

4° Devant Dieu. . . . . . . . 119

Réactions à la peur :

1° Le fétichisme . . . . . . . 122

2º La recherche exagérée de la sécu-
    rité . . . . . . . . . .   123
3º Le doute. . . . . . . . .   124
C. — Exagération de l'aperception. . . .   126
I. — *Intérieure* . . . . . . . . . .   126
La réflexion douloureuse . . . . . .   127
La phrontidophilie . . . . . . . .   127
Manifestations de l'exagération de l'aper-
    ception intérieure dans la vie organi-
    que. . . . . . . . . . . .   131
Manifestations de l'exagération de l'aper-
    ception intérieure dans la vie psychi-
    que. . . . . . . . . . .   139
II. — *Extérieure.* . . . . . . . . .   142
Sensations et perceptions . . . . . .   142
Emotions . . . . . . . . . . .   145
D. — Dissociation de l'attention . . . .   149
E. — Fréquence du phénomène de la mé-
    moire latente . . . . . . . . .   151
F. — Intégrité de l'association des idées. .   156
III. — *Etat nerveux des neurasthéniques.* .   157
IV. — *Résumé et conclusions.* . . . . .   159

Chapitre III. — LA NEURASTHÉNIE RURALE CHEZ LA
    FEMME ET CHEZ L'ENFANT. . . . . .   163
I. — *Chez la femme* . . . . . . . .   163
II. — *Chez l'enfant* . . . . . . . .   176

Chapitre IV. — FORMES ET DIAGNOSTIC DE LA NEU-
    RASTHÉNIE RURALE. SON PRONOSTIC. . . .   182
I. — *Neurasthénie sexuelle.* . . . . .   183
A. — De la puberté. . . . . . . .   183
B. — Génitale. . . . . . . . . .   185
C. — De la ménopause . . . . . .   185
II. — *Neurasthénie traumatique.* . . . .   186
A. — Physique . . . . . . . . .   186

*B.* — Psychique. . . . . . . . . . 186

III. — *Neurasthénie mélancolique* . . . . 187

IV. — *Neurasthénie paranoïaque.* . . . . 189

**Pronostic** . . . . . . . . . . . 191

**Chapitre V.** — TRAITEMENT DE LA NEURASTHÉNIE
RURALE. . . . . . . . . . . 193

I. — *Traitement prophylactique* . . . . . 193

La famille . . . . . . . . . . 194

L'école . . . . . . . . . . . 194

Le service militaire. . . . . . . 197

L'éducation génitale. . . . . . . 198

Le mariage de raison . . . . . . 199

L'amélioration de l'état économique . . 200

II. — *Traitement curatif* . . . . . . 202

Méthode générale. . . . . . . 202

Traitement des formes. . . . . . 207

**Conclusions générales.** . . . . . . . 213

MAYENNE IMPRIMERIE CHARLES COLIN

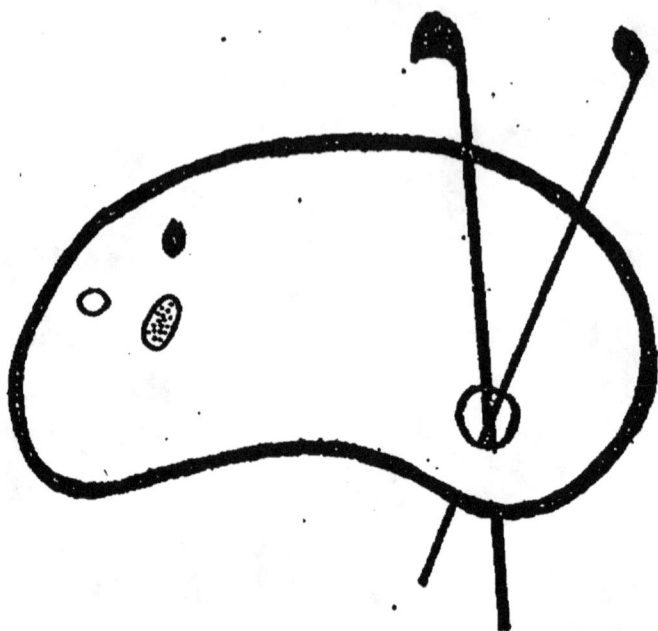

ORIGINAL EN COULEUR
Nº Z 43-120-8

www.ingramcontent.com/pod-product-compliance
Lightning Source LLC
Chambersburg PA
CBHW061012280326
41935CB00009B/939